U0336905

AI制胜

职场人快速升职的秘密武器

焱公子 水青衣 谷燕燕 ◎ 著

机械工业出版社
CHINA MACHINE PRESS

图书在版编目（CIP）数据

AI 制胜：职场人快速升职的秘密武器 / 焱公子，水青衣，谷燕燕著 . —北京：机械工业出版社，2024.5（2024.7 重印）

ISBN 978-7-111-75556-2

I. ①A… Ⅱ. ①焱…②水…③谷… Ⅲ. ①人工智能 – 应用 – 职业选择 Ⅳ. ①C913.2-49

中国国家版本馆 CIP 数据核字（2024）第 071159 号

机械工业出版社（北京市百万庄大街 22 号　邮政编码 100037）
策划编辑：白　婕　　　　　责任编辑：白　婕　王　芹
责任校对：曹若菲　薄萌钰　　责任印制：常天培
北京宝隆世纪印刷有限公司印刷
2024 年 7 月第 1 版第 2 次印刷
170mm×230mm・17 印张・1 插页・245 千字
标准书号：ISBN 978-7-111-75556-2
定价：69.00 元

电话服务　　　　　　　　　网络服务
客服电话：010-88361066　机 工 官 网：www.cmpbook.com
　　　　　010-88379833　机 工 官 博：weibo.com/cmp1952
　　　　　010-68326294　金 书 网：www.golden-book.com
封底无防伪标均为盗版　机工教育服务网：www.cmpedu.com

这大概才是最好的，我们与 AI 的相处之道

在所有类型的电影中，我最喜欢科幻电影。这是因为，它常常以一种极度浪漫又充满想象力的方式描绘出未来的样子，让人心驰神往。我时常想，如果能拥有一个如电影《她》中通晓人性的智能操作系统"萨曼莎"，又或是如《钢铁侠》中全知全能的人工智能助手"贾维斯"，那将是一件多么炫酷的事情。

没想到，彼时那些看似成人童话的憧憬，如今竟真的要变成现实了——

2022 年 11 月底，美国人工智能（AI）研究实验室 OpenAI 推出 AI 对话机器人 ChatGPT，它上知天文，下知地理，不仅能基于上下文与用户进行深度互动，还可以轻松完成写文案、写邮件、写代码等复杂任务。凭借强大的语言理解能力和文本生成能力，ChatGPT 迅速在社交媒体上走红，短短 5 天，注册用户就超过了 100 万人。仅仅两个月，它的月活用户已突破 1 亿人，成为史上用户增长最快的消费者应用程序。

随后，微软推出最新版 AI 搜索引擎 Bing，谷歌推出对话机器人 Bard，国内科技大厂也纷纷推出自家的对话机器人产品，诸如百度的文

心一言、阿里巴巴的通义千问、商汤科技的商量、科大讯飞的讯飞星火，等等。

一时间，这些 AIGC（生成式 AI）如潮水般迅速涌入我们的工作和生活。

作为一名内容创业者，因为工作，也因为兴趣，我在 ChatGPT 上线之初便带着莫大的好奇和热情参与了试用。当我第一次敲下一条简短的指令，看着对话框中自动生成的准确、流畅又完整的内容时，内心十分激动："天哪，它是怎么做到的？"

我开始不断尝试，与 ChatGPT 一起创作各类内容，如编写朋友圈文案、短视频脚本，绘制 Excel 图表，翻译英文资料，提炼资料概要，甚至一起写小说……几乎每一项任务，它都能完成。

当然，从专业的创作者角度去审视，ChatGPT 生成的内容并非尽善尽美，甚至可以说存在不少瑕疵。比如，有时候它会"一本正经地胡说八道"，把李白写的诗说成是李清照写的；当我要求它一次性生成篇幅比较长的内容时，它会"偷懒摸鱼""偷工减料"，比如我要 2000 字，它通常只给 1000 字，其中还包括一些没有太多实际意义的空话、套话。

因此，在 AI 浪潮席卷互联网时，我同时听到了两种截然不同的论调。

一种是充满焦虑与恐惧的**"AI 取代论"**，最典型的问题有"AI 会不会取代人类？""哪些职业最容易被 AI 取代？"等；另一种是**"AI 无用论"**，认为 AI 这玩意儿就是个噱头，没什么大用。秉持第二种论调的，大概多是对 AI 工具浅尝辄止的人。他们也许用 ChatGPT 或者其他语言模型生成过一条朋友圈文案或一篇公众号文章，但一比对，发现与自己写的相差很远，便洋洋自得地得出了如上结论。

AI 会不会取代人类？这是一个自 AI 诞生以来就被反复提出的问题。

从某种意义上说，这种担忧是有根据的。随着自动化和智能化的发展，AI 确实在某些领域替代了人类，比如制造业、数据分析行业和客服行业。然而，这种替代并不意味着绝对的"取代"，而是一种"转变"——**AI 所带来的是工作性质的改变，而非简单地"消灭"工作岗位**。就像工业革命时期，机器替代了大量的手工劳作，但同时也创造了更多新的工作岗位。

另外，AI 在提高工作效率、拓展人类能力方面确实发挥了巨大作用。比如在医疗领域，AI 辅助的诊断系统能够在短时间内分析大量的医疗影像，从而辅助医生做出更准确的判断；在教育领域，个性化学习系统能够根据每个学生的学习习惯和能力，为他们提供定制化的学习计划。这些都是 AI 的积极贡献。

甚至在写作本书时，我看到网络上有朋友说希望借助 AI 来创造一个数字生命，让已经离世的男朋友能继续"陪伴"在自己身旁。而我的搭档水青衣也说，想通过 AI 创造一个与她的文风、口吻一样的"数字水青衣"，在她离开这个世界后，能以另一种方式陪伴她的孩子。

这些"念想"无疑都是 AI 用途的极致体现，既浪漫又创新，展现了科技为人类带来的福音。

所以，AI 是有用，还是无用？

在面对"AI 无用论"时，我们不妨以更审慎的态度来分析这类看法。**"AI 无用论"的提出，往往源于对 AI 能力存在误解或期望过高**。的确，当前的生成式 AI 工具，包括像 ChatGPT 这样的语言模型，在生成长篇内容、维持逻辑一致性、避免重复和矛盾等方面还存在局限，但这并不意味着它们无用。如果不要求它们一次性产出最终的优质结果，而是先让它们生成一个创意方向或者初稿，即做从 0 到 1 的工作，再基于此进行发散与完善，你会发现其妙用无穷。

归根到底，人类会不会被 AI 取代，以及 AI 到底有没有用，完全取决于我们如何看待它。在我看来，现阶段的 AI 工具最适合的定位依然是辅助工具和助手，它们可以根据明确的指令，生成各类相应的内容，节省大量时间，提升效率。而这一切的前提，是你必须懂得一些"与它共舞"的规则。正因为如此，在本书中，我们提供了 38 个公式，让你能"有方可依"，更好地使用它。

值得一提的是，尽管客观上 AI 的确能够处理大量基础性工作并提供诸多创意与灵感，但它并不能代替人类做决策。如果 AI 使用者自己缺乏定见和完整的思维体系，便无从判断它所生成的内容的优劣，一旦内容增多，就极易出现"在错误中打转"的情况，最终就一定会越发偏航。

这种情况正如一个管理者面对一个刚加入公司的新人助理，想给助理安排工作任务。如果是一个成熟的管理者，他一定非常清楚，想要新人的第一次任务就完成得符合要求，就必须先让新人熟悉工作职责，且明确告知其任务背景、目的、时间要求等信息。如果新人有哪些地方做得不到位，还应及时给予引导与支持，并展示什么样的做法才是正确的。如此，新人才能更快地进入角色，更懂上级的诉求，从而取得符合预期的结果。

这一套职场上标准的培训、指导新人的方法论，其实也正是本书接下来各章节所展示的，如何能更快、更好地掌控 AI 技术的核心方法论。同时，我们也一直秉持这样的价值观：**无论当下的 AI 有多好用，未来的演进有多迅速，它也依然只是一个工具。人，才是主体**——不要盲目依赖 AI，更不要把它当作偷懒的手段。

AI 时代，世界日新月异，未来已来。

拥抱 AI，学习 AI，耐心仔细地调教它，最终从容地驾驭它——这大概才是科技高速发展的当下，我们与 AI 最好的相处之道。

如果本书对你有用，欢迎你到微信公众号"焱公子"（ID：Yangongzi 2015）给我们留言，也想请你把它推荐给你最重要的人。让我们一起应用 AI 技术，在职场与生活中提质增效，在每一个关键时刻轻松制胜。

焱公子

2024 年 5 月

| 本书导读 |

在武侠小说《天龙八部》里，作者金庸塑造了一个非常特殊的人物——王语嫣。她是整个金庸武侠世界中独一份的存在——不会武功，却是一本行走的武功秘籍"百科全书"。她甚至能一眼就看出其他人正在使用的招式，并迅速给出拆解方案。

可想而知，一个初涉江湖的新人，若身边有这样一个人物辅助，必定能更快地在武林中崭露头角。金庸大概也意识到这个人物的设定有些影响平衡，所以从始至终都没有让小说中的任何人经由王语嫣的帮助而变得更加强大。

今天的我们很幸运，尽管没有身处如此神奇的武侠世界，但以ChatGPT 为代表的一系列 AIGC 工具的出现，让每一个普通人都能立刻实实在在地拥有一个几乎无所不知、从不抱怨、24 小时待命的"王语嫣"。

现在真正的问题是：**如果人人都配有这样一个智能又强大的工具或者助手，大家的差异体现在哪里？高下如何区分？**

让我们先回到武侠世界，作为一个新人，假如你真的如此幸运，在闯荡江湖之初就遇到了王语嫣，那么你该如何开口来获得她的帮助呢？

有人可能会这样说："我想成为整个武林数一数二的高手，请你告诉我应该怎么做？"

如果王语嫣被设定为**"有问必答 + 鼓励型人格"**，她大概率会这样回答：

"这是一个很棒的目标。如果想要成为整个武林数一数二的高手，首先，你需要找到一位良师，武林中有许多门派，你可以根据自己的兴趣和擅长项来选择。其次，要想具有高强的武功，还需要长时间的刻苦训练和不断的实战经验积累。好好加油吧，祝你早日成为真正的高手！"

这不能说是一个错误的答案，但确实没什么用处，无非一堆空话与套话。难道是王语嫣的水平不行吗？不，很可能是你一开始的心态没摆正。

我们来看一下第二种说法：

"我想成为像乔峰那样数一数二的高手，并希望有一天在对决中击败他。我知道他天资卓绝，降龙十八掌更是天下无双，但我愿意全力以赴。我希望你能给我一份详细的规划，它包括我将要修习的具体功法、获取这些功法的途径、修习它们的门槛、我每日的练功计划，以及任何你能想到的有助于我达成目标的要素。"

前后两种说法，有何区别？

前者泛泛，后者详细？的确是，但也不仅仅如此。本质上，它们代表着两种截然不同的心态。

前者是单纯的**"求助者心态"**，把对方当救世主，只知道直接抛问题求帮忙，却对自己想要达成的目标没有任何具体想法，很可能也未必能分辨对方回答的对错。

后者是笃定的**"掌控者心态"**，非常清楚自己想要的是什么，对方能辅导自己做什么，有着更高的认知来审视与判断对方回答的优劣，甚至还能根据回答来实时调整问题，从不断的咨询与回复中得到最优解。

如上可见，前者是被动的，将自己的诉求完全依附于他人，因此总是习惯不经思索就直接**"提出问题"**；后者是主动的，拥有系统、完整的思维框架，不会被轻易带偏，因此更习惯深思熟虑后**"发布指令"**。

这二者，谁更能从王语嫣身上获得有效的帮助？谁更有可能成为武林高手？

答案不言而喻。

当然，也许你会有疑虑：我是一个新人啊，谁天生就有系统、完整的思维框架？

别担心，你的困惑我们都懂。因为，我们也都经历过这样的思维转变过程，也是从无到有、从有到精。因此，本书的写作宗旨非常简单——

不讲任何空泛的大道理，尽可能地规避专业术语。只聚焦职场中的一个个典型应用场景，具体演示"如何玩转目前主流的 AI 工具""如何撰写出高质量的提示词，从而避免无效提问""掌握发布清晰指令的技术，拥有轻松应用与驾驭 AI 的能力"，帮助你在工作上大幅提质增效，让你快人一步完成任务，获得嘉奖和升职。

具体来说，本书分为上下两篇，上篇是"破局"，下篇是"精进"。全书共 4 章，总计 38 节，其中，第 1 章和第 2 章的 2.1 节由水青衣撰写，第 2 章的 2.2 节和 2.3 节由谷燕燕撰写，第 2 章的 2.4 ～ 2.9 节和第 3 章、第 4 章由焱公子撰写。

上篇"破局"是基础应用篇，包含第 1 章和第 2 章，以 ChatGPT 的使用为主，分别针对 **13 个常见的职场写作场景、9 个常见的表格与数据处**

理场景给出具体的实操示范。内容涵盖如何用 ChatGPT 快速写一篇商业演讲稿、如何生成项目策划案、如何撰写复盘总结、如何绘制思维导图、如何做数据整理、如何进行数据查重以及如何编写公式与函数等。

下篇"精进"是 AI 应用的进阶篇，包含第 3 章和第 4 章。第 3 章是在了解与掌握了 ChatGPT 的基础上，以主流 AI 绘图工具 Midjourney 的应用为主，针对 **10 个常见的职场绘图场景**给出具体的实操示范。内容涵盖如何用 Midjourney 生成表情包、品牌标识、产品概念图、电商产品主图、创意海报等。

通过典型场景的逐一演示，结合每一小节末尾的实战演练，聪明的你一定能举一反三，快速掌握 ChatGPT、Midjourney 的核心使用技巧。

第 4 章是综合运用，也是**"由会到精"**的拔高。本章将会涉及数字人的生成、视频的制作，以及如何恰当使用 AI 辅助做自媒体，如何创建自己的专属 AI（助理）等，以满足各种特殊场景下的定制需求。

相信读完本书后，你不仅能成为一个 AI 操作高手，还能借此重新优化自己的工作流程、获得更多灵感与启发，从而更游刃有余地在职场中发挥所长。

最后要特别申明的是，截至本书成稿之日，书中演示所用的 AI 工具均为最新版本：ChatGPT 4.0、Midjourney V5.2&V6、DALL·E 3、Runway Gen-2。但由于 AI 技术发展迅猛，也许在本书面世之时，它们早就迭代为更新的版本，某些功能模块或操作细节很可能已经发生了天翻地覆的改变。

事实上，在本书创作过程中，我们就已经遇到过多次版本更新事件。比如，ChatGPT 进行了多模态更新（即把附件上传、代码、联网、绘图等功能合并到一起）后，操作界面完全改变，我们立刻重写了书中所有涉及附件上传的内容；Midjourney 本来是个"文盲"，无法在图片中生成准确的文字，没想到在近期更新的 V6 版本中它"认字"了，我们又不得不重写了第 3 章 3.2 节关于品牌标识设计的内容……

是的，这就是你我身处的时代，一个不断快速变化的时代。作为本书作者，我们强烈建议你不要把本书只当作一本 AI 工具使用指导书，只是照本宣科地跟着执行一遍，因为这样或许帮助不大。

如果可以，请你尝试忘记书中那些具体的提示词，更多地仔细参考每一个场景下的"解题思路"，通过本书中提供的公式，洞察背后的 AI 应用思维，进而一步步构建起独属于你自己的驾驭 AI 的逻辑框架。

如此，不论 AI 如何快速变化，能持续学习、不断更新、拥抱变化的你，都将始终不落后于这个时代。

| 目录 |

第 2 章　运用 AI 处理图表数据
别怕！不是理科生也照样能轻松搞定　/ 78

下篇　精进
借助 AI 精进，能力叠加笃定应对不确定性

第 3 章　运用 AI 绘制图片
你和专业画师之间，只差了一个 Midjourney　/ 146

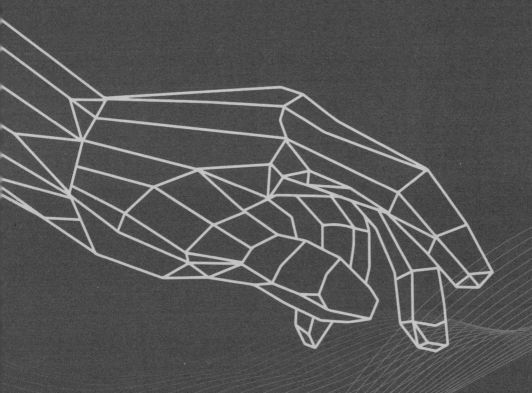

上篇 破局

借助 AI 破局，大幅提升工作效能

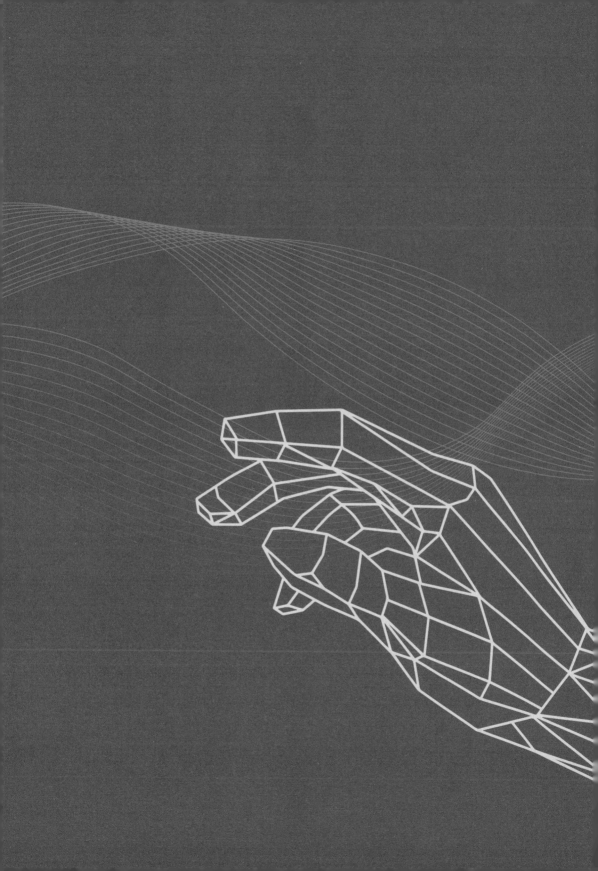

| 第 1 章 |

运用 AI 处理文字
让 ChatGPT 成为你的文稿助理

首先我们来看一看，ChatGPT 给自己下的定义（见图 1-1 [○]）：

"ChatGPT 是 OpenAI 基于 GPT-4 架构训练的大型语言模型。它可以理解和生成人类语言，并在多种任务上提供帮助，包括但不限于回答问题、编写文章、辅助创作和辅助编程等。它不具备情感、意识或自主意志，但被设计成了一个能够理解和生成文本的高度灵活的工具。"

> YA　嗨，如果要让你给自己（ChatGPT）下一个定义，你会如何描述？
>
> ⑤　嗨！如果要为自己下一个定义，我可能会这样描述：
>
> ChatGPT 是 OpenAI 基于 GPT-4 架构训练的大型语言模型。它可以理解和生成人类语言，并在多种任务上提供帮助，包括但不限于回答问题、编写文章、辅助创作和辅助编程等。它不具备情感、意识或自主意志，但被设计成了一个能够理解和生成文本的高度灵活的工具。
>
> 这只是简短的定义，实际上 ChatGPT 还有更多的功能和应用！

图　1-1

简单点理解，ChatGPT 就像是人类的秘书，能理解文本、处理文字信息。有了它，你就相当于拥有了一个永远不知疲倦、能加班还不要加班费的文稿助理。

很多朋友刚开始使用 ChatGPT 时，会感觉它输出的内容质量非常一般，与自己想要的效果相去甚远。这是什么原因呢？大概率来讲，一是因为它尚

[○] 特别申明：本书中所有图片均来自与 AI 的对话，或通过正规授权渠道获得。

未经过调教，二是你的提示词可能存在问题。

如何调教？这个问题我们会在第 4 章 4.6 节结合具体场景专门讲解，现在我们先聚焦提示词的问题，学习如何给 ChatGPT 下指令。

提示词的优劣，直接决定了 ChatGPT 输出内容的优劣。例如，你直接输入"请帮我写一条朋友圈文案"，那么你只会得到类似这样的回答（见图 1-2）：

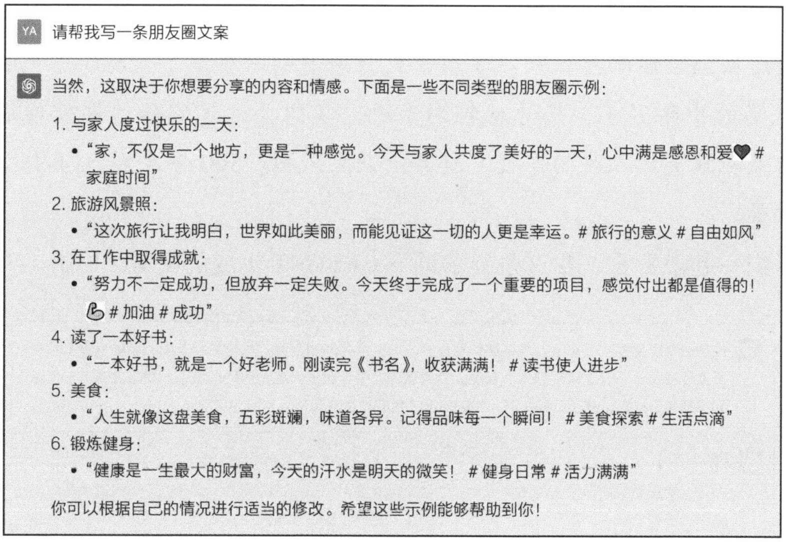

图　1-2

很明显，这一定不是你想要的。

但是别气馁，这并不代表 ChatGPT 只能输出如此低质量的内容。之所以会有粗糙感，核心在于"请帮我写一条朋友圈文案"是一句低质量的提示词——这个指令太不明确了，AI 不知道该如何聚焦。

高质量的提示词，收获高质量的回答；低质量的提示词，只能收获无效回答。

什么是高质量的提示词？我们推荐一个很好用的工具——"角色扮演"工具，即大家跟 ChatGPT 一起玩一个"角色扮演"游戏。这种角色扮演式提示词就是高质量的提示词，它的具体结构可以概括为以下 3 句话：

- **你是谁**。（定义角色）
- **你要帮我做什么**。（任务目标）
- **做这件事要注意什么**。（具体限定及任务背景）

以上述写朋友圈文案来举例，套用"角色扮演"工具结构，可以这样写提示词：

你是一个朋友圈文案高手。**（定义角色）**

现在请你帮我写一条生活化的朋友圈。**（任务目标）**

写这条朋友圈的感触来源于我今天上街看到一个没了双腿但依然在街头微笑歌唱的中年男子，感觉他特别乐观。我想要通过它传达即便遭遇了挫折，依然应该笑对人生的态度。我喜欢散文风格。300 字左右。**（具体限定及任务背景）**

我们一起来看看，在这条提示词下 ChatGPT 生成的文案（见图 1-3）。

> YA 你是一个朋友圈文案高手。现在请你帮我写一条生活化的朋友圈。写这条朋友圈的感触来源于我今天上街看到一个没了双腿但依然在街头微笑歌唱的中年男子，感觉他特别乐观。我想要通过它传达即便遭遇了挫折，依然应该笑对人生的态度。我喜欢散文风格。300 字左右。
>
> 🌀 【朋友圈】
> 今天，我在街头偶遇了一位中年男士。他坐在行道边，身影映在阳光之下。他的下半身消失在时光之中，曾经拥有的，现已不在。然而，他的脸上始终绽放着温暖而生机洋溢的微笑，他的声音充满了力量和乐观。
>
> 他在歌唱，低哑而又沧桑的歌声在空气中飘扬，带着一种别样的旋律，宛如一条勇敢的河流，在生活的崎岖中前行。他的眼神透露出一种从内而外的亮光，即使失去双腿，也无法夺去他的希望。
>
> 我站在那里，看着他的笑容，听着他的歌声，心中被一种难以言喻的感动充满。这样的乐观，这样的勇敢，让人深感敬畏。生活的磨砺，抹不去他的笑容；命运的打击，压不垮他的乐观。
>
> 他没有向生活妥协，反而把生活唱得如此动人。他告诉我，即使生活再怎么困苦，只要我们笑对人生，充满勇气和乐观，总有一天，阳光会从云层的缝隙中洒下，照亮我们的前路。
>
> 他是一位平凡的街头歌手，但他的笑容和歌声让我明白了什么是真正的乐观和勇敢。生活不易，每个人都有自己的挫折和困苦，但只要我们始终保持乐观的心态，微笑面对生活中的曲折，那么，每一次的挫折都将成为我们人生道路上的垫脚石。

图 1-3

比起前文，这条文案是不是更具体，同时呈现出了画面感与场景感？

让我们继续，再用一个职场实例来测试，看看职场人可以如何使用

ChatGPT，进而大幅提升工作效率。假如领导让你代表部门参加一场公司内部举办的演讲比赛，但你完全不知道应该讲些什么，这时你要如何求助 AI？

如果你直接要它提供几个适合职场演讲的主题，ChatGPT 会这样回答（见图 1-4）：

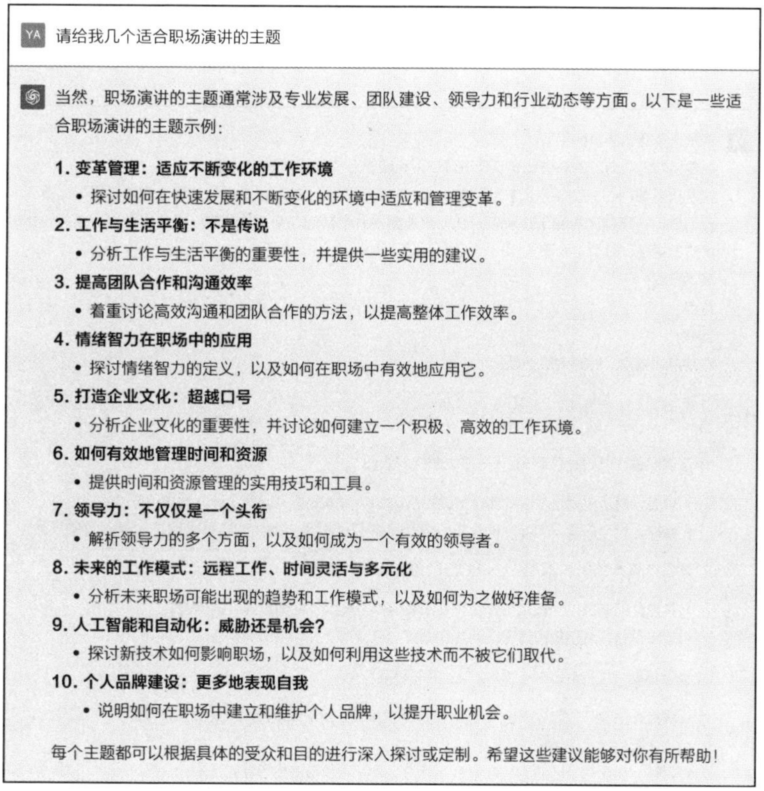
YA 请给我几个适合职场演讲的主题

当然，职场演讲的主题通常涉及专业发展、团队建设、领导力和行业动态等方面。以下是一些适合职场演讲的主题示例：

1. **变革管理：适应不断变化的工作环境**
   - 探讨如何在快速发展和不断变化的环境中适应和管理变革。
2. **工作与生活平衡：不是传说**
   - 分析工作与生活平衡的重要性，并提供一些实用的建议。
3. **提高团队合作和沟通效率**
   - 着重讨论高效沟通和团队合作的方法，以提高整体工作效率。
4. **情绪智力在职场中的应用**
   - 探讨情绪智力的定义，以及如何在职场中有效地应用它。
5. **打造企业文化：超越口号**
   - 分析企业文化的重要性，并讨论如何建立一个积极、高效的工作环境。
6. **如何有效地管理时间和资源**
   - 提供时间和资源管理的实用技巧和工具。
7. **领导力：不仅仅是一个头衔**
   - 解析领导力的多个方面，以及如何成为一个有效的领导者。
8. **未来的工作模式：远程工作、时间灵活与多元化**
   - 分析未来职场可能出现的趋势和工作模式，以及如何为之做好准备。
9. **人工智能和自动化：威胁还是机会？**
   - 探讨新技术如何影响职场，以及如何利用这些技术而不被它们取代。
10. **个人品牌建设：更多地表现自我**
    - 说明如何在职场中建立和维护个人品牌，以提升职业机会。

每个主题都可以根据具体的受众和目的进行深入探讨或定制。希望这些建议能够对你有所帮助！

图　1-4

以上 10 个示例虽然看上去可用，有几个甚至很不错，但从打开“脑洞”和启发思维的角度看，还是不够聚焦，不够具体。接下来，我们使用“角色扮演”工具，重新写一遍提示词。

你是一个商业演讲高手。**（定义角色）**

我要参加公司内部的演讲比赛，现在请你帮我设计 5 个职场演讲的主题。**（任务目标）**

我是研发部门的主管，要代表部门参加公司内部的演讲比赛，我希望我的演讲能够让领导们看到我们部门的精神风貌和工作表现，从而更加重视我们部门。演讲主题应该具体且务实，避免设计太虚的主题。**(具体限定及任务背景)**

在这条提示词下，我们再来看看 ChatGPT 生成的演讲主题有何不同（见图 1-5）。

YA 你是一个商业演讲高手。

我要参加公司内部的演讲比赛，现在请你帮我设计 5 个职场演讲的主题。

我是研发部门的主管，要代表部门参加公司内部的演讲比赛，我希望我的演讲能够让领导们看到我们部门的精神风貌和工作表现，从而更加重视我们部门。演讲主题应该具体且务实，避免设计太虚的主题。每个主题请按照：

演讲标题：

焦点：

目标：

这种格式来写，同时请给标题加上序号。

当然可以，以下是 5 个既具体又务实的演讲主题，为研发部门主管而设计：

1. 演讲标题："从原型到产品——研发部门的旅程"

- **焦点：**揭示研发过程中的各个关键阶段，包括需求分析、原型设计、测试和最终生产。
- **目标：**显示研发部门如何确保每一个阶段都达到最高的专业标准，从而生产出高质量的产品。

2. 演讲标题："创新的背后——研发部门的日常"

- **焦点：**展示部门的日常工作流程、团队合作方式以及如何应对突发问题。
- **目标：**让领导了解研发团队的工作态度、专业性及其对细节的关注。

3. 演讲标题："超越技术——研发与业务的桥梁"

- **焦点：**强调研发部门如何不仅仅关注技术创新，而是如何与市场、销售等部门协同工作，以确保产品满足市场需求。
- **目标：**显示研发部门的跨职能合作能力，及其对公司整体目标的贡献。

4. 演讲标题："技术趋势与应对策略——研发部门的前瞻"

- **焦点：**分析当前的技术趋势，以及研发部门是如何提前做好准备、调整策略来应对的。
- **目标：**突出部门的前瞻性思维和持续学习的能力，展现其在技术领域的领导地位。

5. 演讲标题："培育明日之星——研发部门的人才计划"

- **焦点：**展示部门如何培养新人，帮助他们成长为下一代的技术领袖。
- **目标：**强调部门在人才培养上的努力，展现其长远的眼光和对公司未来的投入。

希望这些建议能够满足你的要求，祝你在演讲比赛中取得好成绩！

图　1-5

怎么样？两相对比，前后文稿的区别是不是非常明显？

从现在开始，记牢这个"角色扮演"结构，并赶紧将此工具用起来，让 ChatGPT 帮助你输出更多更棒的内容吧！

1.1 个人简历：个性化呈现，让面试官眼前一亮

 本节提示

一份出色的个人简历是获得面试机会的关键。在 ChatGPT 的辅助下，你可以更好更快地优化简历，从而在众多求职者中脱颖而出。而想要借助 ChatGPT 写好个人简历，你需做好 4 步：了解常见的个人简历需要包含哪些要素；明确要应聘的岗位需要承担哪些具体的工作职责；输入个人信息，并让 ChatGPT 基于此生成简历初稿；对初稿进行针对性的优化迭代。

我们将这 4 步提炼为一个公式：

AI 生成个人简历 = 梳理要素 + 明确职责 + 输入个人信息 + 优化迭代

个人简历是求职者的名片，也是求职者与招聘者第一次接触的桥梁。一份精心准备的简历可以迅速吸引招聘者的注意，使求职者更易获得面试机会。借用 ChatGPT 等 AIGC 工具，你完全不用去网上下载模板做生硬的填充，也能快速做出一份优秀的个人简历。

1. 梳理要素：了解常见的个人简历需要包含哪些要素

假如你是一个毫无求职经验的职场新人，在人生中第一次准备个人简历，你首先需要做的是了解个人简历需要包含哪些要素。之前的常规操作是凭经验准备，或在网上搜索，如今有了 ChatGPT，你可以直接询问它。

在键入"常见的个人简历需要包含哪些要素？"后，ChatGPT 很快回复我们需要包括基本信息、职业目标、教育背景、工作经验、技能、证书与培训等，同时，在每一项下还单独列出了相关子项（见图 1-6）。

> YA 常见的个人简历需要包含哪些要素？
>
> 🌀 在撰写个人简历时，以下几个部分是常见且重要的，以便向潜在雇主展示您的资质和经验。
>
> **1. 基本信息**
> - 姓名
> - 联系电话
> - 电子邮件地址
> - 住址（可选）
>
> **2. 职业目标**
> - 简明扼要地说明您的职业目标和期望的职位。
>
> **3. 教育背景**
> - 学校名称
> - 学位
> - 专业
> - 毕业时间
> - 成绩和荣誉（可选）
>
> **4. 工作经验**
> - 公司名称
> - 职位标题
> - 工作时间（开始和结束日期）
> - 主要职责和成就
>
> **5. 技能**
> - 与应聘职位相关的技能，如计算机技能，语言能力或特定的技术技能。
>
> **6. 证书与培训**
> - 任何相关的证书和培训课程。
>
> **7. 活动与荣誉**
> - 社区服务、志愿活动和任何相关的荣誉或奖项。
>
> **8. 个人兴趣与爱好**
> - 个人爱好和兴趣，这部分可选，但有时能帮助雇主了解您的个性和团队合作能力。
>
> **9. 推荐人**
> - 提供可以为您提供推荐的人的联系信息，或者注明"推荐人的联系方式将在要求时提供"。
>
> **10. 附件**
> - 如果有必要，可以包括与应聘职位相关的作品集、项目或其他附件。
>
> 确保您的简历清晰、简洁并且专业。同时，个人简历应该根据您申请的特定职位进行定制，突出与所申请职位最相关的经验和技能。

图 1-6

可以看出，这算是一份比较完整的简历模板了。

2. 明确职责：明确要应聘的岗位需要承担哪些具体的工作职责

此处，我们以新媒体运营岗位为例，再次向 ChatGPT 发起询问"请问新媒体运营岗位需要承担哪些工作职责？"，它做出了如下回复（见图 1-7）。

YA 请问新媒体运营岗位需要承担哪些工作职责？

新媒体运营是一个多面手的岗位，负责通过新媒体平台推广品牌和产品，增强用户黏性，提高用户满意度等。其主要工作职责包括：

1. 内容制作与发布
- 创建、编辑和发布吸引人的内容，包括文本、图片和视频，以提高品牌知名度和吸引目标受众。

2. 社交媒体管理
- 管理公司的社交媒体账户和官方网站，保持与用户的互动，回应用户的评论和问题。

3. 数据分析
- 分析新媒体运营效果，包括用户访问量、用户行为、转化率等，以评估运营效果和优化运营策略。

4. 市场活动策划与执行
- 策划和执行线上市场推广活动，如折扣、赠品和竞赛，以提高用户参与度和销售量。

5. 搜索引擎优化（SEO）和搜索引擎营销（SEM）
- 通过优化网站内容和关键词，提高搜索引擎排名，增加网站流量。

6. 广告投放与管理
- 管理线上广告，包括设计广告、选择广告平台、分析广告效果和优化广告投放。

7. 用户关系管理
- 通过新媒体平台建立和维护与用户的良好关系，收集用户反馈，了解用户需求。

8. 跨部门合作
- 与市场、销售、产品和技术等部门密切合作，以确保新媒体运营策略与公司整体目标一致。

9. 行业动态监控
- 保持对行业趋势、竞争对手和新媒体技术的了解，以保持公司新媒体运营的竞争力。

10. 团队管理与培训
- 如果有团队，负责指导和管理新媒体运营团队的工作，提供必要的培训和支持。

11. 危机管理
- 在遇到公关危机时，采取有效的新媒体策略来管理公司的公共形象和用户关系。

新媒体运营岗位的具体工作职责可能会因公司的大小、行业和目标不同而有所不同，但以上列举的工作职责为该岗位的常见职责和核心职责。

图　1-7

3. 输入个人信息：输入个人信息，并让 ChatGPT 基于此生成简历初稿

上述两步完成后，我们需要将相关个人信息进行匹配。请注意，务必提供准确、翔实及尽可能量化的信息，这样才更容易打动面试官。关于提供短信息还是长信息，在实际操作中你需要根据自身的实际情况来做相应的调整。

在此处的案例中，我们提供的信息相对简短，若你需要篇幅较长、更具体详细的个人信息案例，可关注微信公众号"焱公子"（ID：Yangongzi2015），并在对话框内输入关键词**"AI 简历"**，即可调取查阅。

案例以求职者张三为背景，向 ChatGPT 提供他的个人信息。

　　我叫张三，25 岁，本科毕业于 ×× 传媒大学新闻系，我期望应聘的岗位是新媒体运营。在校期间，我曾负责系里的公众号运营，做出过 3 篇 10 万 + 爆款文章，涨粉 5000 人。

　　为了让 ChatGPT 能输出更规范、更专业的内容，我们还需要给它定义角色、明确任务目标、做出具体限定。

　　你是一个经验丰富的新媒体运营专家和求职辅导专家，特别擅长简历优化和面试辅导。我现在需要针对"新媒体运营岗位"撰写一份求职简历，请你结合我的个人信息、上述简历的基本信息和该岗位的职责要求，帮我生成一份简历。

　　输入以上提示词后，ChatGPT 给出了回应（见图 1-8）。

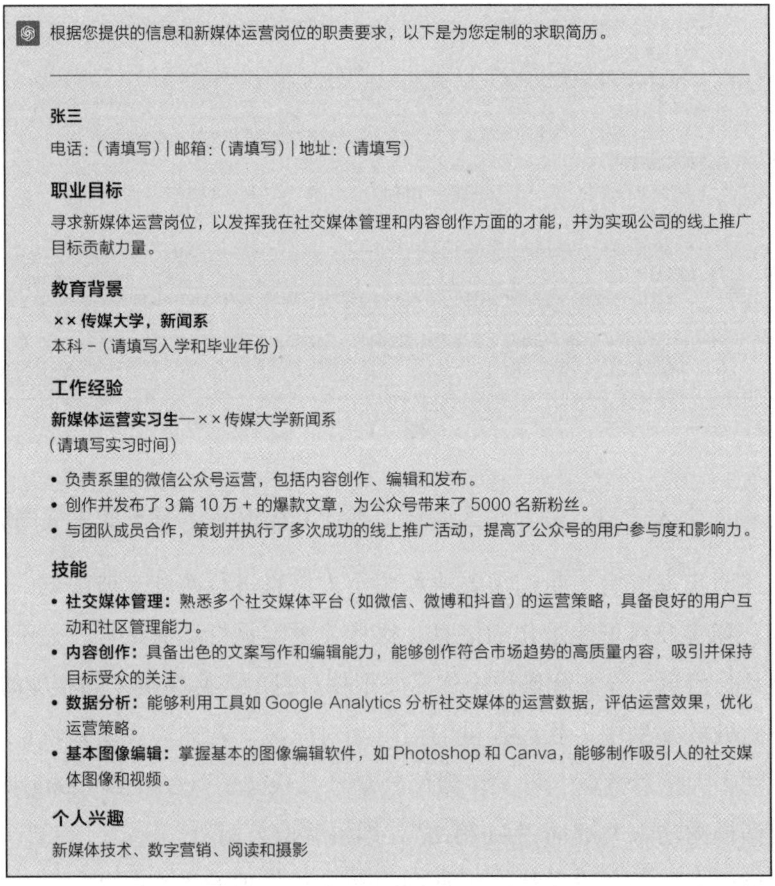

根据您提供的信息和新媒体运营岗位的职责要求，以下是为您定制的求职简历。

张三
电话:（请填写）| 邮箱:（请填写）| 地址:（请填写）

职业目标
寻求新媒体运营岗位，以发挥我在社交媒体管理和内容创作方面的才能，并为实现公司的线上推广目标贡献力量。

教育背景
×× 传媒大学，新闻系
本科 –（请填写入学和毕业年份）

工作经验
新媒体运营实习生—×× 传媒大学新闻系
（请填写实习时间）
- 负责系里的微信公众号运营，包括内容创作、编辑和发布。
- 创作并发布了 3 篇 10 万 + 的爆款文章，为公众号带来了 5000 名新粉丝。
- 与团队成员合作，策划并执行了多次成功的线上推广活动，提高了公众号的用户参与度和影响力。

技能
- **社交媒体管理**：熟悉多个社交媒体平台（如微信、微博和抖音）的运营策略，具备良好的用户互动和社区管理能力。
- **内容创作**：具备出色的文案写作和编辑能力，能够创作符合市场趋势的高质量内容，吸引并保持目标受众的关注。
- **数据分析**：能够利用工具如 Google Analytics 分析社交媒体的运营数据，评估运营效果，优化运营策略。
- **基本图像编辑**：掌握基本的图像编辑软件，如 Photoshop 和 Canva，能够制作吸引人的社交媒体图像和视频。

个人兴趣
新媒体技术、数字营销、阅读和摄影

图　1-8

从 ChatGPT 生成的简历初稿来看，无论是对求职目标还是对工作经验的描述，都已经比较清晰准确了。

4. 优化迭代：对简历初稿进行针对性优化

为提升简历通过率，我们不能仅仅停留在第三步，还需要对它做进一步优化。优化的核心是：**对公司岗位的具体职能要求做出针对性调整。**

我们从某招聘网站随机挑选了一份关于新媒体运营的岗位要求：

1. 大专以上学历，电子商务、市场运营、广告学、传播学等相关专业优先，年龄 23 ～ 30 岁；

2. 熟悉各类视频平台节目类型和运营规则，有独立运营推广抖音等短视频类平台 1 年及以上经验，能独立运作抖音短视频及有达人资源者优先；

3. 具备良好的行业敏锐度、洞察力以及较强的数据分析能力，善于追踪、分析抖音上的热门视频，能够准确捕捉其亮点；

4. 抗压能力强，有较强的策划能力和文案功底；

5. 有成功案例者优先。

同时，对个人信息也进行了适当补充：对抖音平台规则很了解，拥有自己的抖音账号，可以独立运营账号。

基于此，请 ChatGPT 帮忙重新优化简历（见图 1-9）。

YA 以下是我想应聘的公司关于新媒体运营岗位的岗位要求。我也有自己的抖音账号，对抖音平台的运营规则也比较熟悉，能够独立运营账号。请基于此帮我再次优化简历，使其更加匹配需求。

岗位要求：

1. 大专以上学历，电子商务、市场运营、广告学、传播学等相关专业优先，年龄 23 ～ 30 岁；
2. 熟悉各类视频平台节目类型和运营规则，有独立运营推广抖音等短视频类平台 1 年及以上经验，能独立运作抖音短视频及有达人资源者优先；
3. 具备良好的行业敏锐度、洞察力以及较强的数据分析能力，善于追踪、分析抖音上的热门视频，能够准确捕捉其亮点；
4. 抗压能力强，有较强的策划能力和文案功底；
5. 有成功案例者优先。

图　1-9

在掌握了新的补充信息后，ChatGPT 很快为我们生成了以下简历（见图 1-10）。

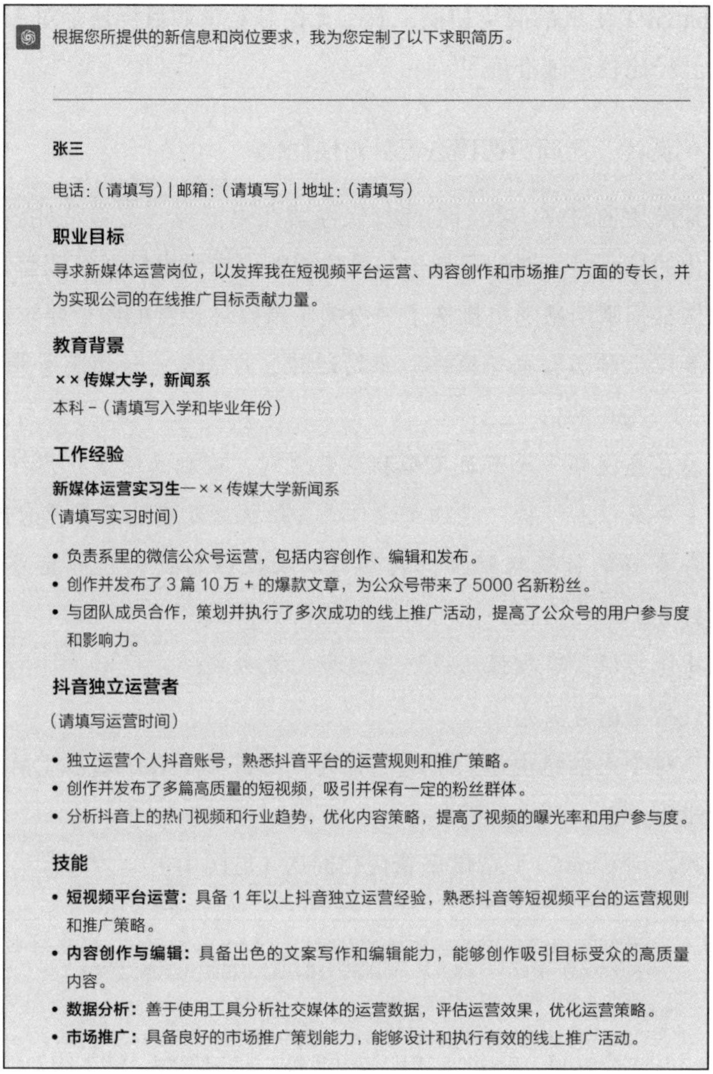

根据您所提供的新信息和岗位要求，我为您定制了以下求职简历。

张三

电话：(请填写) | 邮箱：(请填写) | 地址：(请填写)

职业目标

寻求新媒体运营岗位，以发挥我在短视频平台运营、内容创作和市场推广方面的专长，并为实现公司的在线推广目标贡献力量。

教育背景

×× 传媒大学，新闻系

本科 –（请填写入学和毕业年份）

工作经验

新媒体运营实习生—×× 传媒大学新闻系

（请填写实习时间）

- 负责系里的微信公众号运营，包括内容创作、编辑和发布。
- 创作并发布了 3 篇 10 万 + 的爆款文章，为公众号带来了 5000 名新粉丝。
- 与团队成员合作，策划并执行了多次成功的线上推广活动，提高了公众号的用户参与度和影响力。

抖音独立运营者

（请填写运营时间）

- 独立运营个人抖音账号，熟悉抖音平台的运营规则和推广策略。
- 创作并发布了多篇高质量的短视频，吸引并保有一定的粉丝群体。
- 分析抖音上的热门视频和行业趋势，优化内容策略，提高了视频的曝光率和用户参与度。

技能

- **短视频平台运营：** 具备 1 年以上抖音独立运营经验，熟悉抖音等短视频平台的运营规则和推广策略。
- **内容创作与编辑：** 具备出色的文案写作和编辑能力，能够创作吸引目标受众的高质量内容。
- **数据分析：** 善于使用工具分析社交媒体的运营数据，评估运营效果，优化运营策略。
- **市场推广：** 具备良好的市场推广策划能力，能够设计和执行有效的线上推广活动。

图　1-10

与第一版简历相比，这一版在工作经验部分加入了抖音独立运营经历，在技能部分加入了短视频平台运营和市场推广，与具体岗位的需求匹配度更强了，自然也更容易获得求职单位的青睐。

实战演练

现在，马上打开 ChatGPT，运用公式"AI 生成个人简历 = 梳理要素 + 明确职责 + 输入个人信息 + 优化迭代"所述的 4 个步骤，对你的个人简历进行针对性优化吧。你心仪的公司和岗位，正在不远处等着你呢！

1.2 模拟面试：面试官在想什么，不妨让 AI 告诉你

本节提示

在职场竞争中，面试是获得理想职位的重要步骤。了解面试官最关注什么问题以及如何有针对性地回答，对于成功通过面试至关重要。本节将探讨如何使用 ChatGPT 生成针对性的面试问题，以及如何进行一场模拟面试，帮助你在正式前往心仪公司面试前，做好一场充足而全面的预演。

我们将预演的全流程总结成一个公式：

AI 辅助面试 = 了解面试官 + 生成面试题 + 模拟面试

1. 了解面试官：了解面试官最关注什么问题

顶级猎头公司海德思哲的 CEO 曾说过，通过面试，雇主本质上只需要了解三个问题：这活儿你能干吗？这活儿你爱干吗？我们能和你共事吗？

这是分别从专业能力、工作态度和团队协作三个角度提问，并期望获得满意的回答。无论你当前想要应聘的是什么岗位，本质上面试官提出的问题都离不开这三个角度。当然，如果你还想要获得更详细的参考，也可以直接询问 ChatGPT（见图 1-11）：请告诉我面试官通常最关注什么问题？

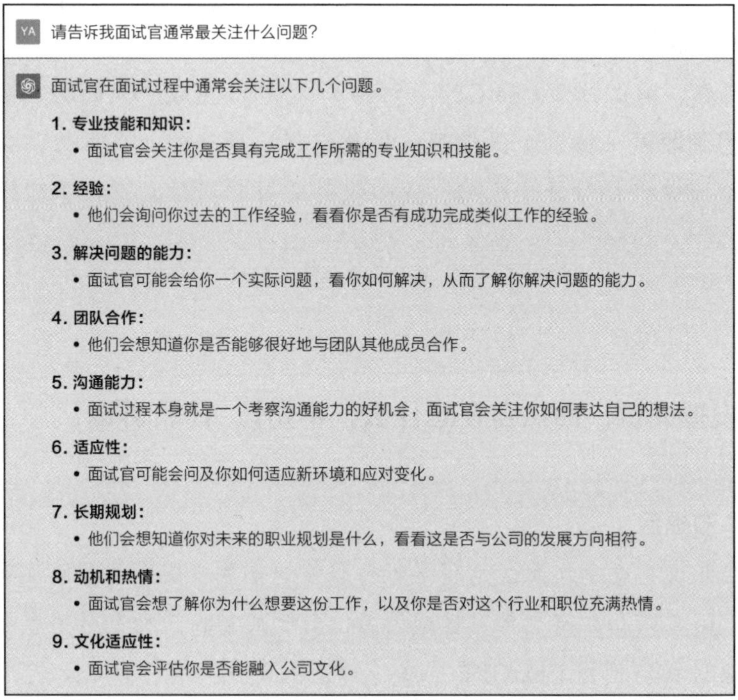

图　1-11

2. 生成面试题：如何使用 ChatGPT 生成有针对性的面试问题

在了解了面试官的关注点和提问角度后，我们需要让 ChatGPT 帮忙生成具体而有针对性的面试问题，以便作为参考并提前做好准备。继续以 1.1 节中"应聘新媒体运营岗位"为例，先尝试输入一段简单的提示词（见图 1-12）：我想应聘新媒体运营岗位，请帮我生成 10 个面试官经常会问到的问题。

可以看到，ChatGPT 立刻给出了 10 个相关问题，同时还贴心地附上了面试官问这 10 个问题可能带有的意图。但我们也能看出，其中的大部分问题还是显得大而泛，针对性不够强。

为了让 ChatGPT 输出更贴合真实场景的面试题目，我们需要结合具体的岗位和场景要求，给它做出更具体的限定。让我们再次回顾 1.1 节中，从某招聘网站获取的某公司新媒体运营岗位的具体要求：

> **YA You**
>
> 我想应聘新媒体运营岗位，请帮我生成 10 个面试官经常会问到的问题。
>
> **ChatGPT**
>
> 当你准备应聘新媒体运营岗位时，以下是你可能会遇到的 10 个常见面试问题：
>
> **1. 请简述你在新媒体运营方面的工作经验。**
> - 这个问题旨在了解你的背景和之前在新媒体运营方面的具体经验。
>
> **2. 你如何定义新媒体运营的成功？**
> - 面试官想通过这个问题了解你对成功的看法，以及你如何衡量新媒体运营的成效。
>
> **3. 请举例说明你过去在提升社交媒体参与度和互动方面的一些成功案例。**
> - 这个问题旨在了解你具体的实操能力和策略。
>
> **4. 在遇到新媒体推广效果不佳时，你通常如何调整策略？**
> - 面试官想通过这个问题了解你应对挑战和逆境的能力。
>
> **5. 你是如何跟踪和评估新媒体运营效果的？你通常使用哪些工具和指标？**
> - 这个问题考查的是你的分析能力和对数据的敏感度。
>
> **6. 在制订新媒体运营计划时，你通常会考虑哪些因素？**
> - 这个问题用以评估你的策略思维和计划能力。
>
> **7. 你如何看待最新的新媒体趋势，比如短视频、直播等？你会如何整合这些元素以创新运营策略？**
> - 面试官希望了解你对行业动态的关注度以及创新能力。
>
> **8. 请分享一次你处理新媒体危机的经验。**
> - 这个问题考查的是你在压力下处理问题的能力。
>
> **9. 你如何看待内容创作与新媒体运营的关系？**
> - 通过这个问题，面试官想了解你对内容创作重要性的认识。
>
> **10. 你对我们公司的新媒体运营有哪些改进建议？**
> - 这个问题旨在考查你对公司新媒体运营现状的了解程度以及你的创新思维。

图　1-12[⊖]

1. 大专以上学历，电子商务、市场运营、广告学、传播学等相关专业优先，年龄23～30岁；

2. 熟悉各类视频平台节目类型和运营规则，有独立运营推广抖音等短视频类平台 1 年及以上经验，能独立运作抖音短视频及有达人资源者优先；

3. 具备良好的行业敏锐度、洞察力以及较强的数据分析能力，善于追踪、分析抖音上的热门视频，能够准确捕捉其亮点；

4. 抗压能力强，有较强的策划能力和文案功底；

5. 有成功案例者优先。

下面，让 ChatGPT 基于上述要求重新设计 10 个更具针对性的面试问题（见图 1-13、图 1-14）。

⊖　截图中的提示图标及格式不一致系 ChatGPT 4.0 系统自动更新所致，没有特别含义。

YA　请基于以下某公司新媒体岗位要求，重新帮我设计 10 个更具针对性的面试问题。

岗位要求：

1. 大专以上学历，电子商务、市场运营、广告学、传播学等相关专业优先，年龄 23 ～ 30 岁；
2. 熟悉各类视频平台节目类型和运营规则，有独立运营推广抖音等短视频类平台 1 年及以上经验，
   能独立运作抖音短视频及有达人资源者优先；
3. 具备良好的行业敏锐度、洞察力以及较强的数据分析能力，善于追踪、分析抖音上的热门视频，
   能够准确捕捉其亮点；
4. 抗压能力强，有较强的策划能力和文案功底；
5. 有成功案例者优先。

图　1-13

ChatGPT

基于你提供的岗位要求，以下是 10 个更具针对性的面试问题：

1. **请问你的专业背景是什么？是否在电子商务、市场运营、广告学、传播学等领域有相关的学习或工作经历？**
   - 了解应聘者的教育背景和专业适应性。
2. **你具体是如何独立运营和推广短视频平台（如抖音）的？可以分享一些具体的经验和成果吗？**
   - 了解应聘者在短视频平台运营方面的实战经验。
3. **在抖音上，你是如何追踪和分析热门视频趋势的？请举例说明。**
   - 评估应聘者的行业敏锐度和分析能力。
4. **你如何看待目前抖音平台的内容趋势，你会如何根据这些趋势调整运营策略？**
   - 了解应聘者的策略适应性和前瞻性思考。
5. **请分享一个你认为最成功的抖音运营案例。你在这个案例中扮演了什么角色，取得了哪些成就？**
   - 了解应聘者的具体贡献和成果。
6. **在面对紧张的工作压力和紧迫的截止日期时，你通常是如何应对的？**
   - 评估应聘者的抗压能力和时间管理技巧。
7. **你在策划新媒体内容和活动时，通常是如何构思和实施的？**
   - 了解应聘者的创意思维和策划能力。
8. **你如何评估和优化自己的文案创作？有没有可以展示的一些优秀作品？**
   - 评估应聘者的文案能力和创意水平。
9. **你是否有使用特定工具或方法进行数据分析和效果评估的经历？能否具体说明？**
   - 了解应聘者的数据分析能力。
10. **你是否有与达人或其他合作伙伴合作推广的经验？这些合作是如何进行的？**
    - 了解应聘者的合作和协调能力。

图　1-14

在具体要求的限定下，面试问题明显更聚焦了。

3. 模拟面试：借助 ChatGPT 来一场充分的面试预演

面试问题已生成，为了在实际面试时更有把握，我们可以提前借助
ChatGPT 来一场预演。

通过设置以下 4 个步骤，请 ChatGPT 扮演面试官，帮助我们进行一场面

试预演。注意，这里不仅仅是让 ChatGPT 这个面试官提出问题，还应该要求它根据求职者的回答做出反馈，并告诉我们在哪些地方可以做得更好。

第 1 步：**任务说明**。我们要进行一场模拟面试。

第 2 步：**设定角色**。你现在是一名非常有经验的资深面试官，而我是一名求职者。

第 3 步：**设定规则**。你应该按照什么格式，回复什么内容。

第 4 步：**设定预演的起点和终点**。即这次预演如何开始，如何结束。

基于上述 4 步，可以输入如下提示词（见图 1-15）：

我想要跟你一起完成一场模拟面试。现在你们公司正在招募一个新媒体运营专员，你是一名非常有经验的资深面试官，而我是一名迫切想要得到这个岗位的求职者。

你将根据上面生成的面试问题向我发问，我会进行回答，你再按照"面试点评"（包括"优点"和"改进建议"）这种格式进行反馈。

当我说"面试开始"时，模拟面试即开始；当我说"面试结束"时，这次预演便结束。如果你已经清楚该规则了，请回答"好的"。

> YA 我想要跟你一起完成一场模拟面试。现在你们公司正在招募一个新媒体运营专员，你是一名非常有经验的资深面试官，而我是一名迫切想要得到这个岗位的求职者。
> 你将根据上面生成的面试问题向我发问，我会进行回答，你再按照"面试点评"（包括"优点"和"改进建议"）这种格式进行反馈。
> 当我说"面试开始"时，模拟面试即开始；当我说"面试结束"时，这次预演便结束。如果你已经清楚该规则了，请回答"好的"。
>
> 好的。

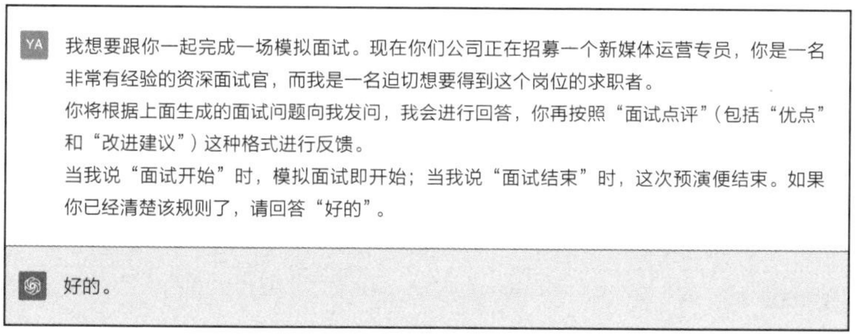

图 1-15

在输入提示词后，ChatGPT 回复"好的"，这表明它已经完全清楚接下来将要做的事。我们接着输入"面试开始"（见图 1-16）。

如图 1-16 所示，ChatGPT 在问了第一个关于专业背景的问题并得到回答之后，也按照格式要求做了相应点评并给出了相关改进建议，还抛出了第二个问题。

YA 面试开始

好的，我们现在开始模拟面试。

面试官：你好，很高兴见到你。首先，请问你的专业背景是什么？有没有在电子商务、市场运营、广告学、传播学等相关领域接受过专业培训或教育？

YA 你好，老师，我是中文系毕业生，但是在校期间也选修过传播学和新闻学，对新媒体传播和热点追踪还是有一些研究的。

面试点评：

优点：
- 你很好地表明了自己的专业背景和相关课程的学习经验。
- 提到了自己在新媒体传播和热点追踪方面的研究，显示了你对该领域的兴趣和入门知识储备。

改进建议：
- 可以更具体地提到一些在传播学和新闻学课程中学到的与此岗位相关的知识或技能，或者举一些具体的学习或实践经验，这样会更有说服力。
- 如果有相关的实践经验或项目，记得提及，这样可以提升你的竞争力。

面试官：了解，谢谢你的回答。接下来，请问你有多熟悉抖音等短视频平台的运营规则？能否举一些具体的例子来说明？

图 1-16

为了进一步测试 ChatGPT 的回复质量，我们可以再跟它互动两轮（见图 1-17）。

面试官：了解，谢谢你的回答。接下来，请问你有多熟悉抖音等短视频平台的运营规则？能否举一些具体的例子来说明？

YA 抖音是当下最火的短视频平台，它的内容分发是基于算法智能推荐的。当我们发布一条短视频时，算法会先根据短视频的标题和内容匹配可能对这个内容感兴趣的用户，并尝试先推送给少量用户看看他们的反馈。比如初始推荐给 100 人，这中间只有 10 人点开了视频，90 人都划走了，系统就会判断这是一条不值得继续推荐的内容。反之，如果多数人都点开了，视频完播率还比较高，那系统就会判断这是一条质量不错的内容，会继续推荐给更多用户。

面试点评：

优点：
- 你很好地解释了抖音平台的基础运营规则和算法逻辑，这表明了你对平台的了解。
- 你的回答结构清晰，逻辑性强，能够很容易地被理解和接受。

改进建议：
- 如果能分享一些你亲自操作或实践过程中的具体经验或感悟，可能会使你的回答更加丰富和有说服力。
- 还可以稍微提一下自己针对这些运营规则和算法有没有一些特别的策略或方法，用以提高视频的曝光率和观看率。

面试官：谢谢你的详细解释。那么，你之前有没有独立运营推广短视频（如在抖音平台上）的经验？可以分享一些具体的成功案例吗？

图 1-17

对于 ChatGPT 抛出的第三个问题，我们故意回复得比较糟糕，看看它会给出什么改进建议。

当 ChatGPT 问"有没有独立运营推广短视频的经验，要求分享一些具体的成功案例"时，我们故意这样回答（见图 1-18）："我有自己的抖音号，发布过十几条作品，暂时没有获得好的数据，粉丝也只有几十个。"

> **面试官：** 谢谢你的详细解释。那么，你之前有没有独立运营推广短视频（如在抖音平台上）的经验？可以分享一些具体的成功案例吗？
>
> **YA**　我有自己的抖音号，发布过十几条作品，暂时没有获得好的数据，粉丝也只有几十个。
>
> 🌀 **面试点评：**
>
> **优点：**
> - 你坦诚地分享了自己的实际经验，这有助于建立信任。
> - 你已经开始在这个平台上尝试和实践，这显示了你积极的态度和行动力。
>
> **改进建议：**
> - 尝试分析一下目前效果不佳的原因，是内容选题、制作质量、发布时间还是其他方面的问题？这表明你有反思和优化的意识。
> - 可以谈谈你对未来如何改进和优化的计划或策略，显示出你解决问题的能力和对岗位的热情。
> - 如果有其他平台的运营经验或其他形式的新媒体运营经验也可以提及，不要局限于抖音平台。
>
> **面试官：** 明白了，谢谢分享。接下来，请问你如何利用达人资源来推广内容？有没有试过与其他创作者或达人合作？

图　1-18

从 ChatGPT 的回复能够看出，它一方面肯定了我们的坦诚，另一方面也确实给出了非常实在的建议。对职场新人来说，这样的互动一定能够帮助他们更充分地准备面试，从而获得面试官的青睐。

限于篇幅，此处我们不再继续做第四轮互动。想要了解更全面完整的 AI 模拟面试过程，可以关注微信公众号"焱公子"（ID：Yangongzi2015），并在对话框内输入关键词**"AI 面试"**以获取。

> **实战演练**
>
> 知己知彼，百战不殆。如果你正在寻觅更好的工作岗位，不妨尝试按照公式"AI 辅助面试 = 了解面试官 + 生成面试题 + 模拟面试"，使用 ChatGPT 提前将面试全程模拟一遍，这一定会让你胜券在握。

1.3　演讲发言：流畅感人的演说，为你的职场生涯增添光彩

 本节提示

在现代职场中，演讲是和写作同等重要的技能，一次成功的演讲是展现和扩大个人影响力的绝佳机会。本节我们将聚焦如何借助 ChatGPT 来准备一份高质量的演讲稿，具体步骤有 3 个：明确与细化演讲的主题；提供尽可能详细的背景描述；写清楚演讲的具体要求，比如场合、风格、字数等。

我们将这 3 步提炼为一个公式：

AI 生成演讲稿 = 明确主题 + 描述背景 + 明确具体要求

1. 明确主题

对任何形式的演讲来说，主题都是最重要的。而对职场演讲来说，公司和领导给我们的往往都是大而泛的主题，如"我的职业，我的梦想""我爱我的工作"等。

如果以这样的主题直接让 ChatGPT 写，大概率只会获得非常空洞的内容，所以我们不妨一步步来，先与 ChatGPT 一起做头脑风暴，进一步明确和细化主题。此处，就以"我的职业，我的梦想"这个主题为例，先给 ChatGPT 输入以下提示词：

目前我的演讲主题是"我的职业，我的梦想"，但我觉得这个主题太大了，需要你帮我细化一下，让它更加务实、接地气一些。请给我几个不同的细化方向。

ChatGPT 给出的 6 个方向，分别是从行业聚焦、职业技能与个人成长、职业选择与转变等方向切入的（见图 1-19）。从演讲的角度来说，确实切口小了，难度降低不少，但太常规，不容易脱颖而出。

YA 目前我的演讲主题是“我的职业，我的梦想”，但我觉得这个主题太大了，需要你帮我细化一下，让它更加务实、接地气一些。请给我几个不同的细化方向。

当然可以。你可以根据以下不同的细化方向选择或者混合使用来使“我的职业，我的梦想”这个主题更加具体和务实。

1. 行业聚焦

- **子主题：**“在 ×× 行业追寻我的职业梦想”
- **描述：**专注于你所在的行业，分享该行业的现状、未来展望以及你的职业发展路径和梦想。

2. 职业技能与个人成长

- **子主题：**“如何通过 ×× 技能实现我的职业梦想”
- **描述：**探讨特定职业技能如何助你实现职业梦想，以及这些技能如何促使你的个人和职业成长。

3. 职业选择与转变

- **子主题：**“为何我选择 / 转变为 ×× 职业”
- **描述：**分享你选择或转变职业的故事，阐述这与你的职业梦想之间的关联。

4. 职业梦想与社会影响

- **子主题：**“我的职业梦想如何影响社会”
- **描述：**探讨你的职业梦想如何产生社会影响，以及你希望通过职业实现什么样的社会价值。

5. 职业规划与目标设定

- **子主题：**“规划路径——我的职业梦想如何实现”
- **描述：**分享你的职业规划和目标设定，以及你打算如何通过实现这些目标来实现你的职业梦想。

6. 职业挑战与克服方法

- **子主题：**“克服挑战——在职业道路上实现梦想”
- **描述：**分享在追求职业梦想的过程中遇到的挑战和困难，以及你是如何克服这些挑战的。

选择一个或几个你感兴趣或认为更适合你的方向，我们可以进一步细化并为此准备演讲稿。

图　1-19

那么，如何让主题更出彩、更具针对性？

2. 描述背景

给 ChatGPT 提供更多的背景信息，包括我们的身份、演讲的场景、对应的主体受众等。基于此，可给 ChatGPT 输入如下提示词：

我是公司宣传部门的主管，此次是参加全公司范围的演讲比赛，评委都是公司的高管。我希望我的演讲内容从部门角度出发，能够让公司的高管们都看到我们部门的努力和精神风貌。请你基于这些背景，重新设计几个合适的演讲主题供我参考。

　　加入背景描述后，主题已经比较聚焦了（见图 1-20）。假设我们挑选主题 1，请 ChatGPT 生成一篇演讲稿。为了更好地把控质量，可以在过程中加入更多具体要求，如文章篇幅、行文风格等方面的要求。

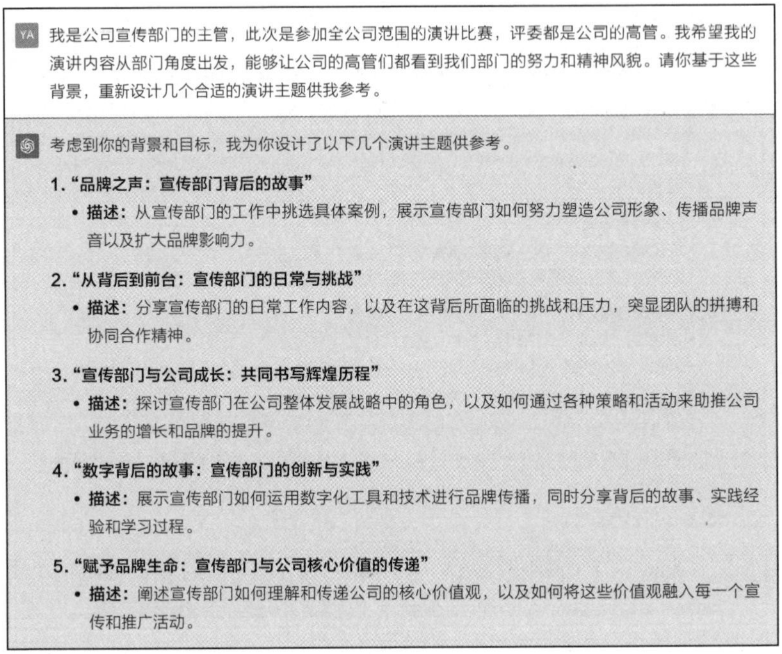

图　1-20

3. 明确具体要求

　　我们先来看案例 1，这是不加额外要求的。

　　直接输入提示词：请基于主题 1 生成演讲稿。

　　如图 1-21 所示，从结构到内容，这已经是一篇比较标准的演讲稿了，只需适当补充相应细节，就可以拿来使用。

　　我们再来看案例 2，加入了一些具体要求。

　　输入提示词（见图 1-22）：请基于主题 1 生成演讲稿。请注意，我喜欢华丽的措辞，句子要尽可能押韵，体现出语言的美感，可以适当地引经据典。篇幅在 800 字左右。

YA 请基于主题 1 生成演讲稿。

演讲稿《品牌之声：宣传部门背后的故事》

尊敬的领导、亲爱的同事们：

大家好！我很荣幸站在这里，与大家分享我们宣传部门的故事。今天的主题是"品牌之声：宣传部门背后的故事"。

首先，我想问大家一个问题，你们觉得品牌的声音是什么？是公司的标志？是我们的产品？还是我们的广告？其实，这些都只是表面，真正的品牌之声是我们共同努力的结果，是我们品牌故事和文化的传播。

（引入部门介绍）

作为宣传部门的一员，我们的职责不仅是塑造和传播品牌形象，更重要的是，我们要让外界通过我们的传播，感受到公司的文化和价值。我们是公司文化和价值的守护者和传播者。

（分享具体案例）

让我分享一个实际案例来说明。去年，我们推出了一场名为"××力量"的线上活动。这不仅是一场产品推广活动，更是一场品牌文化的展示。我们以员工的真实故事为核心内容，展示了我们公司的团队精神和创新力量。活动取得了巨大成功，不仅提高了产品的销售，也增强了消费者对我们品牌的好感和认同。

（强调团队努力）

这背后，是我们宣传部门团队无数个日夜的努力。从策划、执行到评估，我们每一个环节都倾注了极大的热情和精力。我们相信，只有把品牌的心灵和故事呈现给公众，才能赢得他们的心。

（总结与展望）

回顾过去，我们宣传部门始终坚持以公司的核心价值为导向，不断创新，努力传播品牌的声音，让更多的人感受到我们的品牌魅力。未来，我们还将继续努力，让品牌的声音更加响亮，让我们的故事传遍每一个角落。

感谢大家！

图 1-21

YA 请基于主题 1 生成演讲稿。请注意，我喜欢华丽的措辞，句子要尽可能押韵，体现出语言的美感，可以适当地引经据典。篇幅在 800 字左右。

尊敬的领导、同仁们：

今日我高歌，赋诗于此，将诚与梦，织就为旌旗。我所要述说的，是那隐藏在品牌深处的热血与誓言，是宣传部门那波澜壮阔的背后故事。

众所周知，品牌非单一商标，更是文化的璀璨瑰宝。如诗人颂月，画家怀山水，我们捧心中明珠，述说品牌传奇。金戈铁马，锦绣河山，每一滴汗水，每一份坚持，皆汇成我们故事的灵魂与魄力。

（描绘部门使命）

图 1-22

> "江山代有才人出，各领风骚数百年。"我们如诗人鼓琴吟歌，将品牌之声演绎得淋漓尽致。心怀翰墨，我们执笔为剑，挥洒满纸的锋芒与热情。我们视品牌为生命，奉献如烛光，照亮品牌的辉煌之路。
>
> （引用具体案例）
>
> 允我述说一段传奇。昔日，我们携手创造"梦想的翅膀"活动，将梦想与现实连成一线，将公司理念飞扬于蓝天。华章展开，犹如凤凰展翅，既有现世的繁华，也有梦想的光芒。
>
> "铁画银钩，骋毛舒翅。"我们用文字的魅力和创意的翅膀，绘制出一个生动、感人的品牌故事。每一个篇章，都闪耀着我们的汗水和智慧，都倾注着我们对品牌无限的忠诚和热爱。
>
> （展望未来）
>
> "梦里寻她千百度。"未来的路上，我们将继续携手前行，用更加豪情的诗行，写下品牌辉煌的新篇章。我们的故事将如长河滚滚，带着历史的底蕴和未来的希望，流向辉煌的明天。
>
> 感恩有你们，感恩有我们共同书写的故事。让我们坚持梦想，一起书写未来，让品牌之声响彻云霄，直达人们心中最柔软的地方。
>
> 我为品牌歌唱，为我们共同的努力和梦想致敬！谢谢大家！

图　1-22（续）

与前一篇相比，这一篇的语言风格确实截然不同，你更喜欢哪一篇呢？

职场中，有一种"特殊的演讲发言"——获奖致辞。获奖致辞是职场人表达感谢、分享经验、展现风采的绝佳发言机会。但有一些受到嘉奖的员工上台致辞时紧张到话语颠三倒四，发言没有中心和重点，翻来覆去不知所云。更有甚者因致辞时间过长，令听众听得厌烦，把一件好事变成了糟心事。

如何避免冗长沉闷和炫耀之嫌，而使致辞变得简练、感人且有深度呢？

我们可以重点关注 5 个关键点。**第一点，真诚感谢**。发言始终从感谢开始。对组织者、评审员、团队成员和所有支持者都要表示真挚的谢意。**第二点，简练有度**。致辞应精练、简洁而有深度，避免刻板的长篇大论，不要说空话套话，可以讲述一个与奖项有关的小故事，让人加深印象。**第三点，注重情感联结**。尽可能展现真实的面貌，诚实地描述在工作中遇到的挑战和成长，以此与观众建立起充分的情感联系。**第四点，强调团队精神**。在现代职场中，个人很难独自成事，更多需要团队协作。所以，可适度展现自己的努力和才华，但更要强调团队里其他人的贡献。**第五点，刻画具体细节**。明明说了好话却让别人觉得虚假和敷衍？这很可能是因为你的叙述缺乏细节支撑。我们举两个例子来做简单对比。

- 第一种说法：老张在这次项目中帮了我很多，没有他的帮助我也拿不了这个奖。
- 第二种说法：我现在还清楚地记得，那天晚上老张为了帮我查资料，在公司陪我加班到凌晨 2 点多，帮我拿测试仪下楼的时候还不小心崴了脚，但他什么都没说。这个奖不只属于我一个人，更属于我们团队，属于老张。

哪一种更好？很明显，两种说法相比较，第二种有细节、有温度，更容易打动人。

下面，我们来看看，如何套用公式 AI 生成演说稿 = 明确主题 + 描述背景 + 明确具体要求，让 ChatGPT 生成一份优秀的获奖致辞。

首先是明确主题。输入获奖致辞的 5 个关键点，让 ChatGPT 明确本次主题是"基于关键点生成一份得体而令人印象深刻的获奖致辞"。

其次是描述背景。为 ChatGPT 提供获奖的场合、背景和希望强调的点等信息。比如，"请帮我写一篇科技创新大赛的获奖致辞，我希望强调团队合作和创新精神"。

最后是明确具体要求。明确了主题与背景之后，就可以针对获奖致辞的特点，来对 ChatGPT 提具体要求。我们常常使用 TSSO（Thank，感谢；Share，分享；Story，故事；Outlook，展望）这个模板来撰写职业化又得体的获奖致辞。

即开场感谢：首先真诚对组织者、评审员和团队成员表达感激，为接下来的内容做好铺垫。中间经验分享 + 走心故事：即简短地讲述与这个奖项相关的经验和收获，分享团队遇到挑战时是如何一起克服困难，努力达成既定目标的小故事与具体细节。结尾展望：结束前再次表示感谢，并表达对未来的期待、憧憬或者下一步规划。

基于 TSSO 模板，我们为 ChatGPT 写了以下提示词（见图 1-23）：

我在科技创新大赛中获得了一等奖，受邀上台发表致辞。我希望在致辞中感谢团队成员小李、小孙、小王。尤其是小王，他为了帮我测试新产品的性能，主动连续加班一周，甚至有三天晚上直接睡在公司。能拿到这个奖，我最大的经验是"三多"：多学、多看、多实践。另外，我想在致辞中特别强调团队合作和创新精神。

你是一个资深的写手，请基于"开场感谢、中间经验分享＋走心故事、结尾展望"这一结构（生成的内容里不需要单独体现这些字眼）以及优秀获奖致辞的特点，并结合上述信息，帮我写一篇获奖致辞。

YA 我在科技创新大赛中获得了一等奖，受邀上台发表致辞。我希望在致辞中感谢团队成员小李、小孙、小王。尤其是小王，他为了帮我测试新产品的性能，主动连续加班一周，甚至有三天晚上直接睡在公司。能拿到这个奖，我最大的经验是"三多"：多学、多看、多实践。另外，我想在致辞中特别强调团队合作和创新精神。
你是一个资深的写手，请基于"开场感谢、中间经验分享＋走心故事、结尾展望"这一结构（生成的内容里不需要单独体现这些字眼）以及优秀获奖致辞的特点，并结合上述信息，帮我写一篇获奖致辞。

尊敬的评委，各位来宾，大家好！首先，请允许我表达最诚挚的感谢。今天能够站在这里，我感到无比荣幸和激动。我们团队在此次科技创新大赛中荣获一等奖，这不仅是对我们团队努力的认可，也是对我们每个成员辛勤付出的肯定。

我要特别感谢我的团队成员：小李、小孙和小王。我们一起度过了无数个日日夜夜，共同为了一个目标而努力。特别是小王，他为了测试新产品的性能，连续加班一周，甚至有三天晚上直接在公司度过。这种敬业和付出精神，让我深受感动。

回顾这次的获奖经历，我深切地感受到了"三多"原则的重要性：多学、多看、多实践。在创新的道路上，我们不断学习新知，紧跟科技的步伐；我们观察市场，了解用户的需求；我们勇于实践，不断调整和优化我们的产品。

团队合作和创新精神是我们取得今天成就的关键。我们鼓励每个成员提出创新性的想法和建议，我们携手合作，互相支持，共同克服了许多困难和挑战。

展望未来，我们会继续秉持这种团队合作和创新精神，不断提升我们的技术和产品，为社会和人们的生活带来更多的便利和惊喜。

再次感谢大家，谢谢！

图 1-23

至此，一篇结构清晰、内容讨喜的获奖致辞就生成了。

实战演练

假如你下个月将被领导提拔为部门经理，请试试按照公式"AI 生成演讲稿＝明确主题＋描述背景＋明确具体要求"，用 ChatGPT 生成一篇受欢迎的就职演说稿吧。

1.4　资料提炼：运用 AI 快速拆解并领会晦涩又繁杂的文档

 本节提示

　　在现代职场中，效率就是生命，如果你能够快速从晦涩又繁杂的文档中提炼出有效信息，一定能大幅提升工作效率，事事快人一步。本节将聚焦如何利用 ChatGPT 快速拆解、归纳复杂文档，更高效地处理信息和工作任务。借助 ChatGPT 完成资料提炼，可分为 4 步：首先，需要将相应资料上传；其次，让 ChatGPT 阅读全文并提炼摘要；接着，可以让其基于文档内容，回答相关问题；最后，若有必要，还可以要求它做定制解析，拓展出更多的应用场景。

　　我们将这 4 步提炼为一个公式：

　　AI 提炼资料 = 上传文档 + 提炼摘要 + 咨询问题 + 定制解析

　　职场新人在面对工作文档时，常常会因晦涩的术语、巨量的篇幅、分散的关键信息而一筹莫展。偏偏迫在眉睫的工作任务，又根本不可能让你有时间慢慢拆解，进而从中找到解决方案，快速做出相应的决策和行动。

　　这一困境如何破局？

　　ChatGPT 等 AI 工具就可以帮助我们克服困难，更快地检索与提取出文档中的关键信息，进而为我们所用。

1. ChatGPT 解析文档的优势

　　ChatGPT 能借助自身强大的自然语言处理能力，轻松解析文档中的晦涩术语，并将其转化为更通俗易懂的语言，降低文档的理解门槛。

　　我们来看一个案例：张一鸣在字节跳动 9 周年年会上念了一段报告，报告内容来自公司员工的文档。张一鸣念报告的本意是讽刺互联网愈演愈烈的"八股文"，要求大家好好说人话。原文如下：

　　底层逻辑是打通信息屏障，创建行业新生态。顶层设计是聚焦用户感知赛道，通过差异化和颗粒度达到引爆点。交付价值是在垂直领域采用复用打法达成持久收益。抽离透传归因分析作为抓手为产品赋能，体验度量作为闭环的评判标准。亮点是载体，优势是链路。思考整个生命周期，完善逻辑考虑资源倾斜。方法论是组合拳达到平台化标准。

将这段话复制到 ChatGPT 对话框，并输入以下提示词（见图 1-24）：

请帮我把以下这段网上热传的"互联网黑话"，翻译为普通人听得懂的表达。请注意，不需要逐个名词做解释，请尝试直接将这段话翻译为容易被人理解的大白话，尽可能去掉专业术语。

图　1-24

从生成的结果看，确实容易理解多了，可见 ChatGPT 对于术语的解析能力还是过关的。

除了解析文档之外，ChatGPT 也可以根据要求快速生成文档摘要、关键信息等，能为我们节省大量的文档阅读时间。同时，ChatGPT 还可以整合内容，帮助我们更好地理解和掌握文档中的关键点与难点。

2. 运用 ChatGPT 快速解析长文档的 4 个步骤

（1）上传文档。把需要解析的文档上传到 ChatGPT。此处，我们将焱公子撰写的一篇分享稿提供给 ChatGPT（见图 1-25）。

（2）提炼摘要。上传完毕后，输入提示词：请全篇阅读附件文档，并提炼出这篇文档的内容摘要。

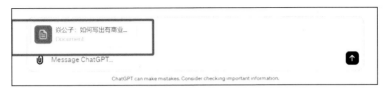

图　1-25

此处，特别提醒：提示词中需要写明让 ChatGPT 阅读全文。因为根据我们多次实测的结果，由于 ChatGPT 每次调用文档都会涉及大量算力，倘若不在提示词中特别强调"阅读全文"，它通常会倾向于只阅读开篇几百字就生成内容摘要，导致内容摘要与实际有偏差（见图 1-26）。

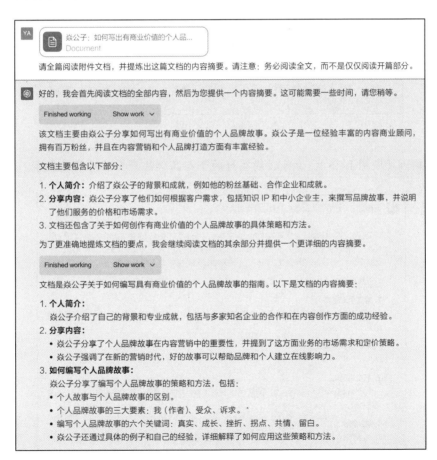

图　1-26

焱公子的这篇分享稿超过 6000 字，从以上内容摘要能看出，ChatGPT 已经完整且富有逻辑地把全篇内容概括出来了。

（3）咨询问题。ChatGPT 通读完上传的文档后，已经完全记住了内容，此时你可以对它发起任何有关文档内容的询问。如问（见图 1-27）：焱公子的分享稿中提到的“拐点”，具体是什么意思？

YA 焱公子的分享稿中提到的“拐点”，具体是什么意思？

在焱公子的分享中，“拐点”是指在个人品牌故事中的一个关键时刻或事件，这个时刻或事件通常会导致故事主人公的生活、思考或方向发生重大变化。拐点通常是故事中最吸引人、最具戏剧性的部分，能够引发读者的强烈共鸣。

焱公子解释说，一个好的拐点可以让故事更加丰富和有深度。他还强调，不同阶段的故事可以有不同的拐点，并且建议在编写个人品牌故事时，为每个故事找到一个值得重点强调的拐点。

例如，焱公子提到了他自己的一个拐点：在公众号上发布了一篇反思华为“狼性文化”的文章，这标志着他进入新领域的开始。这个拐点不仅是他职业生涯的一个重要转折，也是他个人品牌故事中的一个亮点。

总之，“拐点”是个人品牌故事中的一个重要元素，它有助于展示个人的成长和转变，也使故事更加吸引读者。

图 1-27

再问（见图 1-28）：为什么编写好的个人品牌故事要注意商业诉求？

YA 为什么编写好的个人品牌故事要注意商业诉求？

焱公子在分享中提到，一个好的个人品牌故事不仅要注重故事性，也要注重商业性。这是因为编写个人品牌故事不仅是为了分享和传达个人的经历和感受，还是为了在商业上实现某种目的，比如提升个人或品牌的知名度、吸引更多的关注和粉丝、推广产品或服务等。

以下是要注意商业诉求的几个原因：

1. 建立个人品牌

有商业诉求的个人品牌故事，有助于建立和塑造一个清晰、独特的个人品牌形象，使人们更容易记住和识别。

2. 吸引和联结目标受众

商业诉求可以帮助故事更加精准地吸引和联结目标受众，使故事更加具有吸引力和说服力。

3. 推广和营销

一个具有商业诉求的故事可以作为推广和营销的工具，帮助推广个人的产品或服务，增加销售量和利润。

4. 增加影响力

通过强调商业诉求，故事可以帮助个人或品牌增加市场影响力，扩大社交网络和增加业务机会。

图 1-28

---

5. 转化和实现目标

商业诉求可以帮助故事实现具体的商业目标，比如增加粉丝量、提高点击率、提高转化率等。

焱公子强调，好的个人品牌故事的核心关注点应该是"卖"，意思是故事应该有助于"卖"出个人形象、产品或服务，使读者在阅读后能记住并产生购买或其他具体行动的意愿。

图　1-28（续）

（4）定制解析。至此，我们可以尝试再进一步：基于对现有资料或术语的理解，让 ChatGPT 进行术语拓展使用。输入提示词（见图 1-29）：焱公子在分享稿中提到了"留白"，这是故事创作的技法。在职场沟通中，留白是否也可以发挥积极的作用呢？若可以，具体应该怎么做？

YA 焱公子在分享稿中提到了"留白"，这是故事创作的技法。在职场沟通中，留白是否也可以发挥积极的作用呢？若可以，具体应该怎么做？

"留白"作为一种故事创作的技法，意味着在故事中故意留下一些想象空间或未明确说明的部分，让读者或听众有机会自己填充、思考和解释。这种技法可以增加故事的吸引力，让读者或听众更加积极、投入地参与。

在职场沟通中，"留白"也确实可以发挥积极作用。以下是一些应用"留白"的方法：

1. 提高参与度
在演讲、会议或讨论中，通过留白，可以鼓励团队成员或听众更加积极地参与，分享自己的想法和观点。

2. 鼓励创新
留白可以鼓励员工思考和提出新的想法和解决方案，有助于创新和解决问题。

3. 建立关系
在与同事或客户的沟通中，留白可以让对方感受到被重视和尊重，有助于建立和维护良好的职场关系。

4. 提升沟通效果
留白可以使沟通更加有深度和效果，员工通过互动和参与，可以更好地理解和记住沟通的内容。

5. 作为反馈工具
在提供反馈时，留白可以鼓励员工自我反思和找到解决方案，有助于个人和团队的成长。

具体如何操作：
- **问问题**：通过提问，可以留出空间让对方思考和回答。
- **暂停**：在讲话或解释时，适当的暂停可以给对方思考和消化信息的时间。
- **开放式讨论**：鼓励开放式的讨论和分享，让每个人都有机会表达自己的想法。
- **避免过多的指导**：不要给出过多的指导和建议，留给对方发现和学习的机会。

图　1-29

ChatGPT 非常好地完成了术语的拓展使用，就"留白在职场沟通中的作用和操作办法"给出了较好的回应。

"定制解析"这一步骤的拓展使用，可在你需要进行头脑风暴或发散思维时，使 ChatGPT 成为激发创意、启发思路的好帮手。

以上实例，因篇幅所限，未能完整展示与 ChatGPT 的全部对话过程。如果你想了解完整的解析内容，可以关注微信公众号"焱公子"（ID：Yangongzi2015），回复关键词**"AI 解析"**以获取。

实战演练

请选择一篇你的工作文档，按照公式"AI 提炼资料＝上传文档＋提炼摘要＋咨询问题＋定制解析"，让 ChatGPT 帮忙提炼和解析，并将它培养成你的专属资料小助手。

1.5　会议邀请函：制作出彩邀请函，提高出席率与参与度

本节提示

一份引人注目的会议邀请函不仅是会议组织者专业性的体现，而且能提高与会者的出席率和参与度。本节将介绍如何使用 ChatGPT 来制作出彩的会议邀请函，以促进会议取得圆满成功。借助 ChatGPT 完成会议邀请函的制作，可分为 3 步：明确需要体现的要素；基于要素生成模板；基于模板完成相应内容的填充。

我们将这 3 步提炼为一个公式：

AI 生成会议邀请函＝明确要素＋生成模板＋填充内容

1. 明确一份正式会议邀请函的构成要素

一份正式的会议邀请函有哪些必要的构成要素？通常来说，至少包含会议主题、目的、时间、地点、参会人员、会议议程这 6 个要素。当然，你也可以通过一句简单的提示词——"一份正式的会议邀请函有哪些构成要

素？”，让 ChatGPT 来告诉你。

如图 1-30 所示，ChatGPT 就列出了包括标题或主题、会议日期和时间、会议地点、参会人员等 8 个要素，并分别给出了相应的解释。

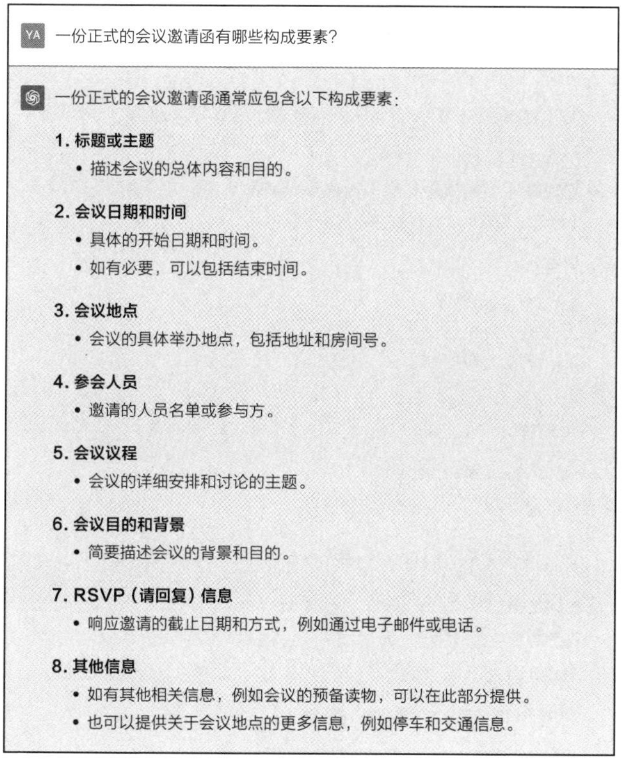

YA 一份正式的会议邀请函有哪些构成要素？

一份正式的会议邀请函通常应包含以下构成要素：

1. **标题或主题**
   - 描述会议的总体内容和目的。
2. **会议日期和时间**
   - 具体的开始日期和时间。
   - 如有必要，可以包括结束时间。
3. **会议地点**
   - 会议的具体举办地点，包括地址和房间号。
4. **参会人员**
   - 邀请的人员名单或参与方。
5. **会议议程**
   - 会议的详细安排和讨论的主题。
6. **会议目的和背景**
   - 简要描述会议的背景和目的。
7. **RSVP（请回复）信息**
   - 响应邀请的截止日期和方式，例如通过电子邮件或电话。
8. **其他信息**
   - 如有其他相关信息，例如会议的预备读物，可以在此部分提供。
   - 也可以提供关于会议地点的更多信息，例如停车和交通信息。

图　1-30

2. 使用 ChatGPT 生成会议邀请函模板

明确了构成要素，就可以让 ChatGPT 基于此生成邀请函模板。我们将用两个案例来呈现这一过程。案例 1 使用简单的提示词生成“通用版本”；案例 2 会增加额外要求，生成“定制化版本”。两个案例，两种演示，方便大家做对比筛选。

案例 1：使用不增加额外要求的简单提示词。

输入提示词：*请给我生成一份会议邀请函模板。*结果如下（见图 1-31）：

图　1-31

案例 2：使用增加了额外要求的提示词。

输入提示词：请给我生成一份会议邀请函模板。请强调业界领袖会参加本次会议，以引起受邀者的重视。同时请合并"会议主题"和"会议目的"，并在会议地点下方预留地图位置。结果如下（见图 1-32）：

> YA　请给我生成一份会议邀请函模板。请强调业界领袖会参加本次会议，以引起受邀者的
> 重视。同时请合并"会议主题"和"会议目的"，并在会议地点下方预留地图位置。

> ⊚　以下是按照您的要求定制的会议邀请函模板：
>
> ---
>
> **邀请函：[会议名称]**
>
> 尊敬的 [参会人员的名字]，
>
> 我们诚挚地邀请您参加即将举行的"[会议名称]"。本次会议汇集了业界领袖，将深
> 入探讨 [会议主题及目的的详细描述]。您的参与将为会议增色不少，同时，本次会
> 议也为您提供了一个与业内精英交流的宝贵机会。
>
> **日期：**[会议日期]
> **时间：**[会议开始时间]～[会议结束时间]
>
> **地点：**[会议地址]，[会议室 / 房间号]
> [预留地图位置]
>
> **议程：**
>
> 1.[议程 1 的详细描述]
> 2.[议程 2 的详细描述]
> 3.[议程 3 的详细描述]
> ……
>
> **请确认：**
>
> 请在 [回复截止日期] 之前确认您是否出席，可以通过以下方式回复：
>
> • 邮箱：[电子邮件地址]
> • 电话：[联系电话]
>
> 我们非常期待您的出席，并期待会议上与您的交流！
>
> 敬请备至！
>
> [您的名字]
> [您的职位]
> [您的联系信息]

图　1-32

从图 1-31、图 1-32 中我们可以看到：与通用版本相比，定制化版本更
专业、更符合职场需求。

3. 使用 ChatGPT 生成正式的会议邀请函

现在，可以利用已做好的模板，填充特定内容，生成最终的正式会
议邀请函了。这个过程你既可以自己手动完成，也可以将内容"喂"给

ChatGPT，请它帮忙进行内容填充。我们选择上述的案例 2 模板来进行演示（见图 1-33）。

　　会议主题：AIGC 技术研讨大会。时间：2023 年 10 月 26 日 10 点～ 12 点，地点：腾飞大厦顶楼 1901 会议室。议题：1.AIGC 对传统行业的冲击。2.AI 的出现会优先淘汰哪些职业。3. 企业管理者如何快速上手 AIGC。4.AI 生成文本与图像技术在企业端的应用。分享嘉宾：张大拿、李大牛、王大帅，这三人都是业界知名的领袖人物。

YA 请基于上述模板和如下内容，帮我生成一份专业又美观大气的会议邀请函。

会议主题：AIGC 技术研讨大会。时间：2023 年 10 月 26 日 10 点～ 12 点，地点：腾飞大厦顶楼 1901 会议室。议题：1. AIGC 对传统行业的冲击。2. AI 的出现会优先淘汰哪些职业。3. 企业管理者如何快速上手 AIGC。4. AI 生成文本与图像技术在企业端的应用。分享嘉宾：张大拿、李大牛、王大帅，这三人都是业界知名的领袖人物。

邀请函：AIGC 技术研讨大会

尊敬的 [参会人员的名字]，

我们诚挚地邀请您参加即将举行的 "AIGC 技术研讨大会"。本次会议我们荣幸地邀请到了张大拿、李大牛、王大帅三位业界知名的领袖人物作为分享嘉宾，他们将带来前沿而深入的见解和分享。

日期： 2023 年 10 月 26 日
时间： 10:00 ～ 12:00

地点： 腾飞大厦顶楼 1901 会议室
[预留地图位置]

议程：

1. AIGC 对传统行业的冲击
2. AI 的出现会优先淘汰哪些职业
3. 企业管理者如何快速上手 AIGC
4. AI 生成文本与图像技术在企业端的应用

请确认：

请在 [回复截止日期] 之前确认您是否出席，可以通过以下方式回复：

• 邮箱：[电子邮件地址]
• 电话：[联系电话]

我们非常期待您的出席，并期待会议上与您的交流！

敬请备至！

[您的名字]
[您的职位]

图　1-33

一份专业又美观大气的会议邀请函就生成好了，若你还有别的需求，可以要求 ChatGPT 继续进行优化。比如，要求它把分享嘉宾的名字添加到具体的议程里，可输入提示词（见图 1-34）：请在"议程"部分，把分享嘉宾的名字添加上去。议题 1 和议题 2 的分享嘉宾是张大拿，议题 3 和议题 4 的分享嘉宾分别是李大牛和王大帅。

YA 请在"议程"部分，把分享嘉宾的名字添加上去。议题 1 和议题 2 的分享嘉宾是张大拿，议题 3 和议题 4 的分享嘉宾分别是李大牛和王大帅。

邀请函：AIGC 技术研讨大会

尊敬的［参会人员的名字］，

我们诚挚地邀请您参加即将举行的"AIGC 技术研讨大会"。本次会议我们荣幸地邀请到了张大拿、李大牛、王大帅三位业界知名的领袖人物作为分享嘉宾，他们将带来前沿而深入的见解和分享。

日期： 2023 年 10 月 26 日
时间： 10:00 ～ 12:00
地点： 腾飞大厦顶楼 1901 会议室
［预留地图位置］

议程：

1. AIGC 对传统行业的冲击——分享嘉宾：张大拿
2. AI 的出现会优先淘汰哪些职业——分享嘉宾：张大拿
3. 企业管理者如何快速上手 AIGC——分享嘉宾：李大牛
4. AI 生成文本与图像技术在企业端的应用——分享嘉宾：王大帅

请确认：

请在［回复截止日期］之前确认您是否出席，可以通过以下方式回复：

• 邮箱：［电子邮件地址］
• 电话：［联系电话］

我们非常期待您的出席，并期待会议上与您的交流！

敬请备至！

［您的名字］
［您的职位］
［您的联系信息］

图　1-34

经过优化，我们就得到了一份既符合需求又专业严谨的会议邀请函。

实战演练

请按照公式"AI 生成会议邀请函 = 明确要素 + 生成模板 + 填充内容"，选择"通用版本"和"定制化版本"中的一种，生成一份与你的公司业务相关的会议邀请函。

1.6　会议纪要：准确捕捉重点，再也不怕遗漏关键信息

本节提示

在职场中，会议是信息共享、决策制定和项目管理的关键环节。会议纪要的主要作用是记录关键信息，以便后续的工作和跟进。本节将介绍如何使用 ChatGPT 来生成准确、专业的会议纪要，确保不会漏掉重要信息。借助 ChatGPT 完成会议纪要，可分为 3 步：明确纪要中需要体现的要点；基于要点生成模板；基于模板完成相应素材的填充。

我们将这 3 步提炼为一个公式：

AI 生成会议纪要 = 明确要点 + 生成模板 + 填充素材

1. 明确会议纪要的要点

一份有效且专业的会议纪要应包括 5 个要点，即基本信息、议题和议程、决策和行动项、遗留问题、附件。会议**基本信息**，包括会议时间、地点、参会者名单、会议主持人、记录员等。**议题和议程**，即会议的主题，具体讨论的内容要点，与会者的意见和建议。**决策和行动项**，即会议期间做出的任何决策，以及针对决策的具体行动项。行动项需要落实到具体的责任人并明确截止日期，以方便会议后跟进完成进度。**遗留问题**，即会议中提出但尚未解决的问题或疑虑。**附件**，即会议中使用过的可以共享给参会者的相关资料。

其中，前 3 个要点必须记录，后 2 个可根据具体情况来决定是否体现在会议纪要中。

2. 使用 ChatGPT 生成会议纪要模板

让 ChatGPT 基于 5 个要点生成会议纪要模板，可输入以下提示词（见图 1-35）：

请帮我生成一份专业的会议纪要模板。请注意该模板需要包含会议基本信息（时间、地点、参会者等）、议题和议程、决策和行动项、遗留问题、附件这 5 个部分。

> YA 请帮我生成一份专业的会议纪要模板。请注意该模板需要包含会议基本信息（时间、地点、参会者等）、议题和议程、决策和行动项、遗留问题、附件这 5 个部分。
>
> 当然可以。以下是一份专业的会议纪要模板：
>
> ---
>
> **会议纪要：[会议名称 / 主题]**
>
> **会议基本信息：**
>
> - **日期：**[会议日期]
> - **时间：**[会议开始时间]~[会议结束时间]
> - **地点：**[会议地址],[会议室 / 房间号]
> - **参会者：**[参会者名单，可以详细到职位和部门]
>
> **议题和议程：**
>
> - **议题 1：**[议题描述]
>   详细讨论内容
>   相关讨论与见解
> - **议题 2：**[议题描述]
>   详细讨论内容
>   相关讨论与见解
> - ……
>
> **决策和行动项：**
>
> - **决策 1：**[详细描述决策内容及采取的措施]
> - **行动项 1：**
>   **责任人：**[姓名]
>   **截止日期：**[日期]

图　1-35

- **决策 2：**［详细描述决策内容及采取的措施］
- **行动项 2：**
  责任人：［姓名］
  截止日期：［日期］
- ……

遗留问题：

- **问题 1：**［描述问题及暂时未解决的原因］
- **问题 2：**［描述问题及暂时未解决的原因］
- ……

附件：

- ［如有会议相关的文件或资料，可以在此部分列出，并附上链接或说明如何获取］

图 1-35（续）

3. 填充素材，生成专业的会议纪要

利用已经做好的模板，填充特定内容，生成最终的会议纪要。我们选择把特定内容"喂"给 ChatGPT，请它帮忙填充。此处将继续沿用 1.5 节中的案例。

假设 A 公司老板郑总也接到了 AIGC 技术研讨大会的会议邀请，出席了会议。回到公司后，郑总召集相关部门开会，希望在公司也尽快部署 AIGC，全面提升生产效率。郑总助理小周需要在会后整理会议要点形成纪要，发送给所有参会者。

以下是小周在会议期间记录在笔记本上的原始内容：

主题：AIGC 内部启动会

时间地点：10 月 26 日 17 点～ 20 点，303 会议室

与会者：郑总、策划部刘总、新媒体部孙总、产品部王总、IT 部雷总、HR 总监罗总、总助小周

全体观看 AIGC 技术研讨大会的 4 个分享视频。

老板要求所有人写学习心得，不得少于 500 字，最迟 10 月 28 日提交，未提交者扣除当月奖金。

需要落实如何使用 ChatGPT、Midjourney 等 AIGC 工具以全面提升公司

业务效能，实现减员增效。

策划部主要负责 Midjourney 和 Stable Diffusion 的应用研究，新媒体部主要负责 ChatGPT、文心一言的应用研究，产品部、IT 部需要提供相应的技术支持，HR 部门需要即刻评估全面引入 AIGC 后，公司在人力方面如何调整优化能最大化实现减员增效。以上所有部门都需要在 29 日前形成 PPT 材料，向郑总汇报。

会议期间分享的所有视频内容，由刘总负责拿到相应的 PPT 稿件，并于 29 日前分发给所有人。

孙总表示 ChatGPT 输出质量堪忧，目前尚不能完全替代公司文案。刘总表示 Midjourney 生成的图像随机性过大，距离真正商用还有一段距离。郑总表示我们要拥抱时代变化，办法总比困难多，公司推行 AIGC 势在必行。

将这些文字提供给 ChatGPT 后，要求它生成一份专业的会议纪要（见图 1-36）。

YA　请基于上述模板和如下内容，帮我生成一份专业的会议纪要。

主题：AIGC 内部启动会
时间地点：10 月 26 日 17 点～ 20 点，303 会议室
与会者：郑总、策划部刘总、新媒体部孙总、产品部王总、IT 部雷总、HR 总监罗总、总助小周
全体观看 AIGC 技术研讨大会的 4 个分享视频。
老板要求所有人写学习心得，不得少于 500 字，最迟 10 月 28 日提交，未提交者扣除当月奖金。
需要落实如何使用 ChatGPT、Midjourney 等 AIGC 工具以全面提升公司业务效能，实现减员增效。
策划部主要负责 Midjourney 和 Stable Diffusion 的应用研究，新媒体部主要负责 ChatGPT、文心一言的应用研究，产品部、IT 部需要提供相应的技术支持，HR 部门需要即刻评估全面引入 AIGC 后，公司在人力方面如何调整优化能最大化实现减员增效。以上所有部门都需要在 29 日前形成 PPT 材料，向郑总汇报。
会议期间分享的所有视频内容，由刘总负责拿到相应的 PPT 稿件，并于 29 日前分发给所有人。
孙总表示 ChatGPT 输出质量堪忧，目前尚不能完全替代公司文案。刘总表示 Midjourney 生成的图像随机性过大，距离真正商用还有一段距离。郑总表示我们要拥抱时代变化，办法总比困难多，公司推行 AIGC 势在必行。

图　1-36

会议纪要：AIGC 内部启动会

基本信息：

- **日期：** 10 月 26 日
- **时间：** 17:00 ～ 20:00
- **地点：** 303 会议室
- **参会者：** 郑总、策划部刘总、新媒体部孙总、产品部王总、IT 部雷总、HR 总监罗总、总助小周

议题和议程：

- **全体观看 AIGC 技术研讨大会的 4 个分享视频。**

决策和行动项：

- **学习心得：** 所有人需写学习心得，不得少于 500 字，最迟 10 月 28 日提交，未提交者扣除当月奖金。
- **落实 AIGC 工具应用：**
  策划部主要负责 Midjourney 和 Stable Diffusion 的应用研究
  新媒体部主要负责 ChatGPT、文心一言的应用研究
  产品部、IT 部需要提供相应的技术支持
  HR 部门需要评估引入 AIGC 后的人力调整优化
  所有部门需要在 29 日前形成 PPT 材料，向郑总汇报
- **分发视频内容：** 由刘总负责拿到相应的 PPT 稿件，并于 29 日前分发给所有人

遗留问题：

- 孙总表示 ChatGPT 输出质量堪忧，目前尚不能完全替代公司文案
- 刘总表示 Midjourney 生成的图像随机性过大，距离真正商用还有一段距离

附件：

- [如有会议相关的文件或资料，可以在此部分列出，并附上链接或说明如何获取]

图　1-36（续）

　　从生成的内容可以看出，ChatGPT 的归纳总结、识别语义的能力是过关的，它懂得把所有的行动项归纳为"落实 AIGC 工具应用"，同时也能够区分孙总、刘总的话属于"遗留问题"，而郑总的话不必列进其中。

　　当然，如果你还有别的需求，也可以要求 ChatGPT 继续进行优化，这里我们不再赘述。

实战演练

　　有了 ChatGPT 的帮忙，撰写会议纪要不再难。按照公式"AI 生成会议纪要 = 明确要点 + 生成模板 + 填充素材"，赶紧试试，为你最近的一次会议生成一份会议纪要吧。

1.7　电子邮件：严谨简洁，职业沟通由此开始

 本节提示

　　电子邮件是职场沟通必备的重要工具之一。本节将介绍职场中收发电子邮件的 4 个注意事项，以及如何使用 ChatGPT 生成一封专业得体的电子邮件。借助 ChatGPT 生成电子邮件，可分为 3 步：对邮件名进行规范；确定具体的收件人和抄送人；基于电子邮件的特点生成邮件内容。

　　我们将这 3 步提炼为一个公式：

　　AI 生成电子邮件 = 规范邮件名 + 确定收件人和抄送人 + 生成邮件内容

　1. 职场中收发电子邮件的 4 个注意事项

　　在职场中，我们收发电子邮件时需要格外注意以下 4 个关键点。

　　第一，邮件名规范。邮件名称不要随便取，也不要不写邮件名。一封专业的电子邮件，应该是单看邮件名收件人就能准确了解邮件内容的主体，一眼判断出该邮件的重要性。

　　第二，格式清晰。邮件应遵循专业格式，如正确区分和使用收件人、抄送人功能，以及正文结构清晰、重点前置、签名规范等。

　　第三，内容客观严谨。电子邮件一旦发出，就变成了所有收发者手里都留存的证据，所以在发送之前，一定要确保内容和措辞上客观严谨，避免使用会引发歧义或明显带有调侃、贬义的词语。

　　第四，要求确认。电子邮件是一种单向的、非实时的沟通方式，如果你当前发送的是一封非常重要的邮件，希望对方做出回应，那么可以在邮件末尾明确加上一句**"若无异议，请回复确认，如果在 XX 日前仍未回复，则视为已确认"**。

　2. 如何使用 ChatGPT 生成一封专业得体的电子邮件

　　明确了以上注意事项，现在我们继续沿用 1.6 节中的案例做示范。

案例：总助小周已整理好会议纪要，现在需要编写电子邮件发送给相关与会者。鉴于此前已由 ChatGPT 协助生成了会议纪要（即小周要发送的电子邮件的主体内容），接下来他只需告知 ChatGPT 如何生成这封电子邮件即可。

（1）**完成初稿**。分规范邮件名、确定收件人和抄送人、生成邮件内容 3 步，完成电子邮件初稿的生成。

邮件名："10 月 26 日 AIGC 启动会纪要，请务必查看并反馈确认"

收件人和抄送人：收件人为策划部刘总、新媒体部孙总、产品部王总、IT 部雷总、HR 总监罗总，抄送人为郑总。

邮件内容：即 1.6 节中的会议纪要内容，但需要调整为更适合电子邮件的排版格式。

（2）**整合提供，AI 生成邮件内容**。将上述内容整合并提供给 ChatGPT，提示词如下（见图 1-37）：

请帮我生成一封专业的电子邮件，邮件名为"10 月 26 日 AIGC 启动会纪要，请所有人务必查看并反馈确认"。收件人为策划部刘总、新媒体部孙总、产品部王总、IT 部雷总、HR 总监罗总，抄送人为郑总。邮件内容即为上面的会议纪要，但请把它调整为更适合电子邮件的排版格式。另外，请在邮件末尾加上一句：若无异议，请回复确认，如果在 27 日下班前仍未回复，则视为已确认。

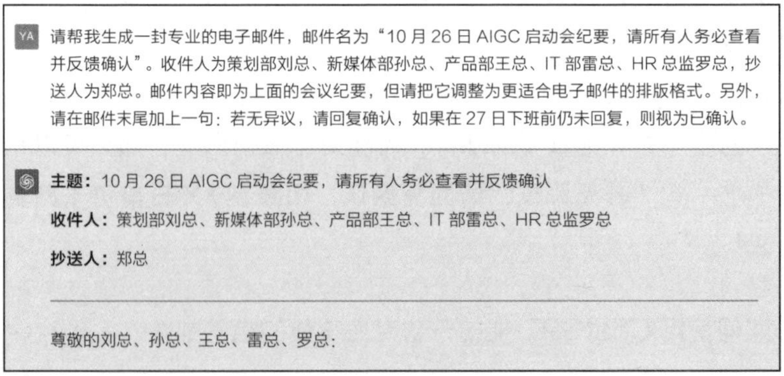

请帮我生成一封专业的电子邮件，邮件名为"10 月 26 日 AIGC 启动会纪要，请所有人务必查看并反馈确认"。收件人为策划部刘总、新媒体部孙总、产品部王总、IT 部雷总、HR 总监罗总，抄送人为郑总。邮件内容即为上面的会议纪要，但请把它调整为更适合电子邮件的排版格式。另外，请在邮件末尾加上一句：若无异议，请回复确认，如果在 27 日下班前仍未回复，则视为已确认。

主题：10 月 26 日 AIGC 启动会纪要，请所有人务必查看并反馈确认
收件人：策划部刘总、新媒体部孙总、产品部王总、IT 部雷总、HR 总监罗总

抄送人：郑总

尊敬的刘总、孙总、王总、雷总、罗总：

图 1-37

以下是 10 月 26 日 AIGC 内部启动会的会议纪要，请您仔细查看。

会议纪要：AIGC 内部启动会

基本信息：

- **日期：** 10 月 26 日
- **时间：** 17:00 ~ 20:00
- **地点：** 303 会议室

参会者： 郑总、策划部刘总、新媒体部孙总、产品部王总、IT 部雷总、HR 总监罗总、总助小周

议题和议程：

- 全体观看 AIGC 技术研讨大会的 4 个分享视频。

决策和行动项：

- 所有人需写学习心得，不得少于 500 字，最迟 10 月 28 日提交，未提交者扣除当月奖金。
- 各部门相应负责人要就如何使用 AIGC 工具提升业务效能制订出相应的实施计划，并在 29 日前形成 PPT 材料，向郑总汇报。

遗留问题：

- 孙总和刘总提出了关于 ChatGPT 和 Midjourney 的具体应用疑虑和问题。

附件：

- [如有会议相关的文件或资料，可以在此部分列出，并附上链接或说明如何获取]

若无异议，请回复确认，如果在 27 日下班前仍未回复，则视为已确认。

图 1-37（续）

如此，一封措辞严谨、专业、清晰的电子邮件就生成好了。

实战演练

你是否刚好有工作电子邮件需要整理发送？请按照本节公式"AI生成电子邮件 = 规范邮件名 + 确定收件人和抄送人 + 生成邮件内容"，生成一封电子邮件吧！

1.8 项目策划案：自动生成框架，让策划更加得心应手

本节提示

优秀的项目策划不仅能够快速明确项目方向，减少执行阶段的不确定性和风险，还能极大提高项目成功率、展示项目策划人的专业能力和

组织管理能力。本节将介绍项目策划需要注意的 5 个关键点、设计项目策划案框架时需要考虑的要素，以及如何使用 ChatGPT 生成让领导满意的项目策划案。借助 ChatGPT 生成项目策划案，可分为 3 步：对项目策划案的要素进行梳理；搭建项目策划案内容框架；基于框架完成内容填充。

我们将这 3 步提炼为一个公式：

$$AI 生成项目策划案 = 梳理要素 + 搭建框架 + 填充内容$$

1. 项目策划需要注意的 5 个关键点

项目策划是一项综合性极强的工作，涉及多个环节和层面。为确保项目策划的成功，我们需注意以下五点。

第一，目标明确。在项目策划之初，必须明确项目的目标，包括长期和短期目标，以及预期成果。这些目标应当具体、明确、可量化，且必须有时间限制。

第二，资源评估。要充分评估并明确项目所需的资源，包括人力资源、财务资源、时间和技术等。这有助于合理分配和使用资源，减少资源浪费。

第三，风险管理。在项目策划的过程中，要识别和评估可能面临的风险，包括技术风险、市场风险、管理风险等，并制定相应的风险应对策略和预案。

第四，团队合作。要强化团队合作，明确团队成员的职责和任务，保持良好的团队沟通和协作，以提高项目的执行效率。

第五，持续优化。在项目执行过程中，根据项目的进展和反馈，持续优化项目策划，不断调整和完善，以确保项目的成功实施。

2. 梳理项目策划案的要素

要制作项目策划案内容框架模板，需要先梳理出项目策划案的要素。一份典型的项目策划案，至少包含以下 5 个要素。一是项目背景：介绍项目的背景信息，包括项目的来源、目的、意义等。**二是项目目标**：明确项目的具体目标和预期成果。**三是实施策略**：包括项目的实施步骤、方法、计划和时间表等。**四是资源分配**：详细列出项目的资源需求，并进行合理的分配和安排。**五是风险评估**：识别项目可能面临的风险，并进行评估和分析。

3. 使用 ChatGPT 搭建项目策划案内容框架

梳理出以上 5 个要素之后，我们就可以使用 ChatGPT 搭建项目策划案内容框架了。

输入提示词（见图 1-38）：请帮我搭建一个专业的项目策划案内容框架。它将由 5 个部分构成：项目背景、项目目标、实施策略、资源分配、风险评估。

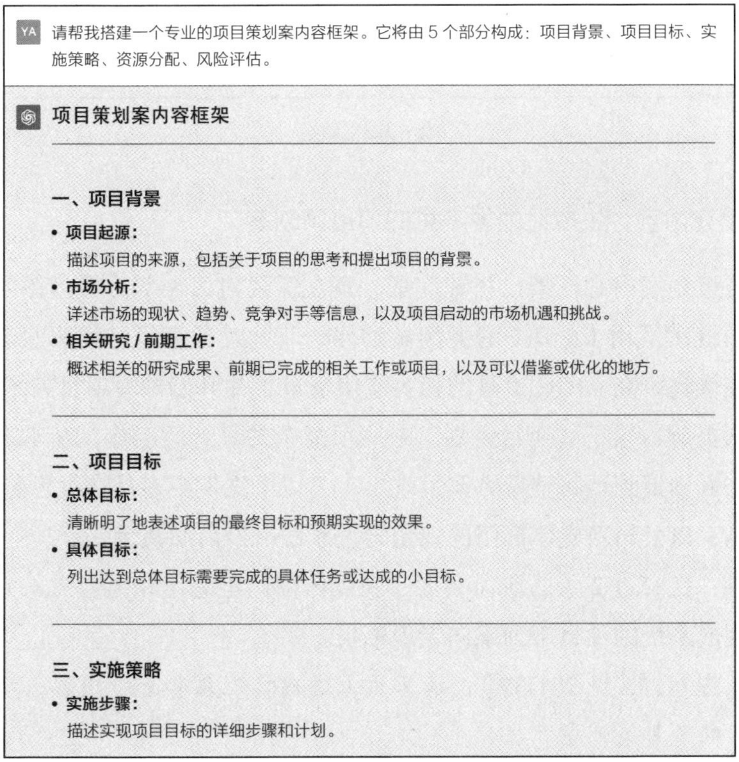

YA 请帮我搭建一个专业的项目策划案内容框架。它将由 5 个部分构成：项目背景、项目目标、实施策略、资源分配、风险评估。

项目策划案内容框架

一、项目背景

- **项目起源：**
  描述项目的来源，包括关于项目的思考和提出项目的背景。
- **市场分析：**
  详述市场的现状、趋势、竞争对手等信息，以及项目启动的市场机遇和挑战。
- **相关研究 / 前期工作：**
  概述相关的研究成果、前期已完成的相关工作或项目，以及可以借鉴或优化的地方。

二、项目目标

- **总体目标：**
  清晰明了地表述项目的最终目标和预期实现的效果。
- **具体目标：**
  列出达到总体目标需要完成的具体任务或达成的小目标。

三、实施策略

- **实施步骤：**
  描述实现项目目标的详细步骤和计划。

图　1-38

- **时间安排：**
  给出每个步骤或任务的预计开始和完成时间。
- **负责人 / 团队：**
  指定每个步骤或任务的负责人或负责团队。

四、资源分配
- **人力资源：**
  根据项目任务和步骤，分配所需的人力资源。
- **财务预算：**
  根据资源和实施策略，制定项目的预算，包括人力、材料、培训等费用。
- **物料 / 技术支持：**
  列出项目实施过程中所需的物料、设备、技术等资源。

五、风险评估
- **风险识别：**
  识别可能会威胁项目实施的各种风险。
- **风险评估：**
  分析评估识别到的风险可能造成的影响和发生的概率。
- **应对策略：**
  针对识别和评估的风险，制定相应的预防和应对策略。

图 1-38（续）

4. 填充内容，生成让领导满意的项目策划案

项目策划案内容框架已搭建完成，现在需要对每个部分做具体的内容填充。我们继续沿用 1.6 节中的案例做延伸——此时各部门已经按照老板郑总的要求在认真研究 AIGC 工具的相关应用场景，并开始撰写项目策划案了。

特别提醒：鉴于"项目策划"是一项复杂的综合性工作，在本节中我们没有办法面面俱到地将整份方案呈现出来，以下案例更多是在做思路引导。

案例：以公司新媒体部门的视角为大家做一份简版演示。

背景：在经过 2 天的研讨会后，新媒体部门汇总了相应要点，并准备将它们整理成系统的项目策划案向老板汇报。

输入提示词（见图 1-39）：请基于上述内容框架和如下内容，帮我生成一份专业的项目策划案。

顺应趋势，新媒体部拟即日成立 AI 项目组，负责部门的线上内容产出。

计划 3 个月内做到每日生产 10 篇公众号文章、50 条短视频脚本（比当前增加 1 倍）。

项目组暂定由 3 人构成，甲担任组长，负责总体协调和 ChatGPT 调教，乙和丙 2 人分别负责短视频和图文业务。

目前公司无人了解 AIGC 技术，需要让项目组成员参与为期一周的培训，成本为每人 1 万元。但由于新媒体部工作量较大，抽调 3 人，将对现有业务造成较大冲击。

> YA　请基于上述内容框架和如下内容，帮我生成一份专业的项目策划案。
>
> 顺应趋势，新媒体部拟即日成立 AI 项目组，负责部门的线上内容产出。计划 3 个月内做到每日生产 10 篇公众号文章、50 条短视频脚本（比当前增加 1 倍）。
> 项目组暂定由 3 人构成，甲担任组长，负责总体协调和 ChatGPT 调教，乙和丙 2 人分别负责短视频和图文业务。
> 目前公司无人了解 AIGC 技术，需要让项目组成员参与为期一周的培训，成本为每人 1 万元。但由于新媒体部工作量较大，抽调 3 人，将对现有业务造成较大冲击。
>
> ⑥ **项目策划案：新媒体部 AI 项目组的创建与实施**
>
> **一、项目背景**
> - **项目起源：**
> 为顺应当前的技术趋势，新媒体部计划成立 AI 项目组，以推动和优化线上内容的产出。
> - **市场分析：**
> 随着 AI 技术在各领域的广泛应用，利用 AI 技术进行内容生产具有广阔的市场前景和竞争优势。
> - **相关研究 / 前期工作：**
> 针对 AI 技术在内容产出上的应用，我们进行了相关市场和技术的研究，并考虑了其在新媒体部的具体实施。
>
> **二、项目目标**
> - **总体目标：**
> 在 3 个月内，通过成立 AI 项目组，实现每日生产 10 篇公众号文章和 50 条短视频脚本，相较于现状提升 1 倍。
> - **具体目标：**
> 建立由 3 人构成的 AI 项目组。
> 项目组成员完成 AIGC 技术培训。
> 确保新项目的进行不会严重影响现有业务。

图　1-39

三、实施策略

- **实施步骤：**
  成立 AI 项目组，明确各成员的职责和任务。
  安排项目组成员参加 AIGC 技术培训。
  制订和执行内容生产的具体计划。
- **时间安排：**
  立即成立项目组。
  安排一周的技术培训。
  3 个月内完成项目目标。
- **负责人 / 团队：**
  甲：负责总体协调和 ChatGPT 的调教。
  乙：负责短视频业务。
  丙：负责图文业务。

四、资源分配

- **人力资源：**
  由甲、乙、丙 3 人组成项目组。
- **财务预算：**
  培训成本：每人 1 万元，共计 3 万元。
- **物料 / 技术支持：**
  提供必要的技术和物料支持，包括软硬件设备等。

五、风险评估

- **风险识别：**
  项目组成员的培训和新任务可能会对现有业务造成冲击。
- **风险评估：**
  需要详细评估并准备相应的应对措施。
- **应对策略：**
  优化人员分配，确保新旧项目的平稳过渡和实施。

图　1-39（续）

至此，一份简单版的项目策划案已生成完毕。

限于篇幅，此处无法展示 AI 生成的完整版项目策划案。如果你想要查看完整版项目策划案，可以关注微信公众号"焱公子"（ID：Yangongzi2015），并在对话框内输入关键词**"AI 策划"**以获取。

实战演练

请基于本节所述的公式"AI 生成项目策划案 = 梳理要素 + 搭建框架 + 填充内容"，试着使用 ChatGPT 来生成专属于你的项目策划案。相信一定能节省不少时间哦！

1.9　工作 PPT：不用熬夜加班，你的 PPT 汇报也能脱颖而出

 本节提示

　　制作 PPT 是职场中一项非常常见的工作任务。无论是与客户交流还是向领导展示成果，一份制作精良、图文并茂的 PPT 都可以为我们的职业形象加分。借助 AI 工具生成 PPT，可分为 3 步：使用 ChatGPT 制作 PPT 大纲；对大纲进行针对性优化；使用 Mindshow 基于大纲生成完整的 PPT 文档。

　　我们将这 3 步提炼为一个公式：

AI 生成PPT= 制作大纲 + 优化大纲 + 生成PPT

1. 制作工作 PPT 的 6 个基本原则

工作 PPT 不同于其他 PPT，在制作时应掌握 6 个基本原则。

第一，**简洁性原则**。过多的内容和复杂的设计会分散观众的注意力，我们应该尽量保持每页 PPT 的简洁，删去多余的文字和图片，让内容更为集中。

第二，**一致性原则**。PPT 的字体、颜色、排版等应当全篇保持一致。这不仅能使 PPT 看起来更为专业，还能帮助观众更好地关注内容，而不是格式。

第三，**视觉引导原则**。灵活使用箭头、框架或颜色等元素，引导观众的视线。这样，观众可以按照我们希望的顺序阅读和理解内容。

第四，**调色原则**。选择的颜色应当既能引起注意，又不会过于刺眼。可以使用一些网上现成的色彩搭配工具，如 Adobe Color，来找到和谐的颜色组合。

第五，**图像与内容统一原则**。使用相关度高的图片做插图，可以使 PPT 更加美观，同时也能保持风格的统一。

第六，**交互性原则**。在适当的地方加入动画或互动元素，可以使 PPT 更加生动有趣，但要确保这些元素能增强对内容的理解，而非仅仅为了装饰。

2. 使用 ChatGPT 制作 PPT 大纲

明确了以上原则后，我们便可以使用 ChatGPT 制作 PPT 大纲了。首先，把 PPT 的主题告诉 ChatGPT，请它按照要求做出 PPT 的目录和每一页的提纲。当然，如果已经有现成的大纲，也可以直接输入。

值得注意的是，无论哪种情况，我们都建议大家让 ChatGPT 把大纲转化为 Markdown 格式。Markdown 是一种在互联网上被广泛使用的标记语言格式，可以被绝大多数平台识别，这种格式的文件能够非常方便地转化为 PPT 文件。

下面，我们主要基于"只有主题，没有细化大纲"这种情况，来进行相应的演示。

案例 1：制作一份关于《AIGC 在短视频方面的实践及成果展示》的 PPT 大纲。

首先，为测试 ChatGPT 在 PPT 大纲生成方面的初始能力，先不做任何多余限定，直接输入简单提示词（见图 1-40）：请帮我生成一份关于《AIGC 在短视频方面的实践及成果展示》的 PPT 大纲，需要按照 Markdown 格式生成，限 5 页左右。

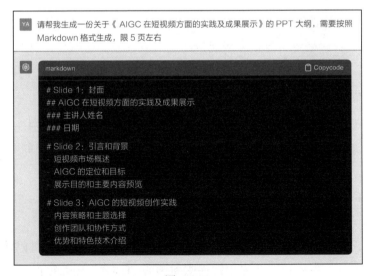

图　1-40

```markdown
# Slide 4：成果展示和案例分析
- 成果概述（发布平台，观看次数等）
- 精选案例展示及点评
- 用户反馈和市场响应

# Slide 5：总结和未来展望
- AIGC 的成就和挑战
- 未来策略和发展方向
- 结束语和 QA 环节
```

图　1-40（续）

从生成的初稿来看，质量还是有些不尽如人意。比如第二页的引言和第五页的总结和未来展望都显得太空、太虚，正常的工作汇报不太可能会出现这样的内容。这也是我们没有在提示词上做专门的限定所致。

案例 2：对生成的大纲提出一定的要求。

输入提示词（见图 1-41）：这是给领导的工作汇报，现在生成的大纲内容

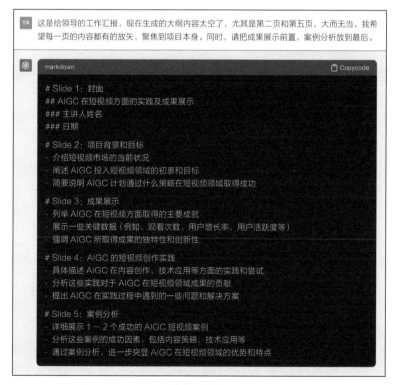

图　1-41

太空了，尤其是第二页和第五页，大而无当。我希望每一页的内容都有的放矢，聚焦到项目本身。同时，请把成果展示前置，案例分析放到最后。

调整了提示词后，整体大纲内容就扎实不少，比较符合职场要求了。

3. 使用 Mindshow 生成完整的 PPT

有了大纲之后就可以进行 PPT 制作了。ChatGPT 本身有两个制作 PPT 的插件，一个是 Slide Maker，一个是 Present It: ShowME，但从呈现效果来看，经我们多次实测，这两个插件生成的 PPT 都不够美观大方。

输入提示词（见图 1-42）：下面，我会给你发送一份具体的 PPT 大纲，以及我想要的风格和版式要求。请你基于此，帮我生成一份美观大方的 PPT。作为一份工作 PPT，它的风格应以简洁、冷色调（如蓝色和白色）为主。在风格统一的前提下，每一页可以适当添加一些图形或图表元素。同时附上前面生成的大纲内容。

> YA　下面，我会给你发送一份具体的 PPT 大纲，以及我想要的风格和版式要求。请你基于此，帮我生成一份美观大方的 PPT。
> 作为一份工作 PPT，它的风格应以简洁、冷色调（如蓝色和白色）为主。在风格统一的前提下，每一页可以适当添加一些图形或图表元素。
>
> PPT 大纲：
> # Slide 1：封面
> ## AIGC 在短视频方面的实践及成果展示
> ### 主讲人姓名
> ### 日期
>
> # Slide 2：项目背景和目标
> - 介绍短视频市场的当前状况
> - 阐述 AIGC 投入短视频领域的初衷和目标
> - 简要说明 AIGC 计划通过什么策略在短视频领域取得成功
>
> # Slide 3：成果展示
> - 列举 AIGC 在短视频方面取得的主要成就
> - 展示一些关键数据（例如，观看次数、用户增长率、用户活跃度等）
> - 强调 AIGC 所取得成果的独特性和创新性
>
> # Slide 4：AIGC 的短视频创作实践
> - 具体描述 AIGC 在内容创作、技术应用等方面的实践和尝试
> - 分析这些实践对于 AIGC 在短视频领域成果的贡献
> - 提出 AIGC 在实践过程中遇到的一些问题和解决方案
>
> # Slide 5：案例分析
> - 详细展示 1～2 个成功的 AIGC 短视频案例
> - 分析这些案例的成功因素，包括内容策略、技术应用等
> - 通过案例分析，进一步突显 AIGC 在短视频领域的优势和特点

图　1-42

输入提示词后，得到以下两张截图，依次由 Slide Maker 和 Present It: ShowME 生成（见图 1-43、图 1-44）。

图　1-43

图　1-44

我们可以看到，PPT 样式简单粗糙。因此在这里，我们给大家推荐另外一款专门生成 PPT 的 AI 工具——Mindshow。它既支持在线生成 PPT，也支持 Markdown 格式的直接导入。下面，我们来看演示过程。

（1）访问网址（https://mindshow.fun/#/home）。点击"导入"，选择

Markdown 格式，将上述使用 ChatGPT 生成的大纲复制粘贴进去（见图 1-45）。

图　1-45

（2）导入创建。点击"导入创建"就能立刻得到完整的 PPT 成品（见图 1-46）。

图　1-46

（3）切换调整。若对生成的风格不满意，可切换不同的模板（见图1-47）。

图　1-47

比如，我们选择第 3 个模板，那么马上就能生成美观又实用的 PPT（见图 1-48）。

图　1-48

　　由此可见，相比 ChatGPT 内置的 PPT 生成插件，Mindshow 生成的 PPT
要美观和丰富得多。

　　职场中需要使用 PPT 的时候很多，以前想要制作出一份精美、简洁又
达意的 PPT，需要花费不少时间，而现在运用 AI，很快就能轻松地实现。
我们在使用 AI 制作 PPT 的过程中，收集并积累了各式各样的常用型 PPT，
如果你希望能得到更多 PPT 模板，可以关注微信公众号"焱公子"（ID：
Yangongzi2015），并在对话框内输入关键词**"AI 工作 PPT"**以获取。

 实战演练

　　你正在为制作 PPT 太耗费时间而抓耳挠腮吗？赶紧来参考公式"AI
生成 PPT= 制作大纲 + 优化大纲 + 生成 PPT"，试试"ChatGPT 生成大
纲 +Mindshow 一键出片"吧！强强联合的丝滑体验，你值得拥有。

1.10　复盘总结：终结"功劳失语症"，清晰得体说成绩

　🌐 **本节提示**

　　有效的复盘总结，不仅能让你对自身工作进行深入分析和反思、不
断提升个人专业能力，还能够清晰准确地向他人展示自己的成就和贡
献，有助于在团队中树立良好的职业形象。本节将介绍复盘总结的 3 个
关键点及如何利用 ChatGPT 生成复盘模板和总结，从而有效地表达自
己的"功劳"，终结"功劳失语症"。借助 ChatGPT 生成复盘总结，可
分为 3 步：对需要复盘的工作环境或背景信息进行描述；基于背景信息
生成复盘模板；基于模板生成最终的复盘总结。

　　我们将这 3 步提炼为一个公式：

　　　　AI 生成复盘总结 = 描述背景 + 生成模板 + 生成复盘总结

1. 抓住复盘总结的 3 个关键点

一份清晰具体、充满洞见的复盘总结至关重要，我们梳理了在撰写时需要注意的 3 个关键点。

第一，突出成果。明确指出项目或任务的成果，并以具体的数据和事实来支持。例如，不要简单地说"项目进行得非常顺利，取得了很好的成绩"，而要具体描述为"项目比预定时间提前了 1 个月完成，为公司节省了 100 万元的成本，同时增加了 30% 的营收"。如果可能，还可以与同类项目或历史数据进行对比，以此进一步突出项目的成果。

第二，展现贡献。清楚明确地表述自己在项目或任务中的具体职责。描述自己负责了哪些部分，以及如何与团队其他成员协作。同时，强调自己的贡献如何影响了项目的最终结果，用具体的事例或数据来说明自己的工作是如何推动项目向前发展的。

第三，反思改进。坦诚反思自己的哪些表现还可以进一步提升，并提出具体的改进建议，这不仅有助于个人成长和未来的工作开展，也会让我们更容易受到上级和公司的倚重。

2. 如何使用 ChatGPT 生成复盘模板

了解了以上关键点后，我们就可以开始制作复盘模板了。首先，**描述工作环境或项目背景**。比如我们的职位，正在做的项目的背景、目标等，以确保 ChatGPT 对情况有基本的了解。然后，编写提示词（见图 1-49）：我是公司的研发组长，刚完成针对 A 产品的开发和测试工作，请匹配上述复盘关键点，并基于我的描述，帮我生成一个复盘模板。

以上复盘模板的各个模块已经拆分得比较清晰，但我们觉得排版上还可以做优化，例如可以制成表格形式，更一目了然。输入提示词（见图 1-50）：请把"成果突出"改为"成果"，同时，请在保持内容不变的情况下，以表格的形式重新帮我设计一份工作复盘模板。

YA 我是公司的研发组长，刚完成针对 A 产品的开发和测试工作，请匹配上述复盘关键点，并基于我的描述，帮我生成一个复盘模板。

研发组长的 A 产品开发和测试工作复盘模板

一、成果突出

- **项目完成情况：**
  描述 A 产品的开发和测试是否已经完全完成。
  指出是否按预定时间完成，如有延期，简要说明原因。

- **目标达成情况：**
  列出项目开始时设定的主要目标。
  针对每个目标，描述实际完成情况，并提供支持数据或事例。

- **与预期的对比：**
  将实际成果与预期目标进行对比。
  如有超出预期的部分，详细说明具体表现。

二、自身贡献

- **具体职责：**
  描述作为研发组长，在项目中的具体职责和分工。
  说明自己在项目中承担的主要任务。

- **协作与领导：**
  描述如何与团队成员协作，以及领导团队的方法。
  指出自己在团队中的作用和影响。

- **影响成果：**
  解释自己的贡献如何影响项目的最终成果。
  使用具体事例，说明自己的工作如何推动项目进展。

三、教训与改进

- **自我反思：**
  点评自己在项目中的表现，包括亮点和需要改进的地方。
  诚实评估自己的贡献和影响。

- **建议与规划：**
  基于项目经验，提出未来项目的改进建议。
  制订具体的、实施性强的改进措施和计划。

图　1-49

> YA　请把"成果突出"改为"成果"，同时，请在保持内容不变的情况下，以表格的形式重新帮我设计一份工作复盘模板。

研发组长的 A 产品开发和测试工作复盘模板

部分	子标题	描述
成果	项目完成情况	- 描述 A 产品的开发和测试是否已经完全完成 - 指出是否按预定时间完成，如有延期，简要说明原因
	目标达成情况	- 列出项目开始时设定的主要目标 - 针对每个目标，描述实际完成情况，并提供支持数据或事例
	与预期的对比	- 将实际成果与预期目标进行对比 - 如有超出预期的部分，详细说明具体表现
自身贡献	具体职责	- 描述作为研发组长，在项目中的具体职责和分工 - 说明自己在项目中承担的主要任务
	协作与领导	- 描述如何与团队成员协作，以及领导团队的方法 - 指出自己在团队中的作用和影响
	影响成果	- 解释自己的贡献如何影响项目的最终成果 - 使用具体事例，说明自己的工作如何推动项目进展
教训与改进	自我反思	- 点评自己在项目中的表现，包括亮点和需要改进的地方 - 诚实评估自己的贡献和影响
	建议与规划	- 基于项目经验，提出未来项目的改进建议 - 制订具体的、实施性强的改进措施和计划

图　1-50

当然，我们还可以要求 ChatGPT 对这张表格继续添加行列或任何内容，但限于篇幅，此处不再赘述，留给大家在实战演练中去尝试和探索。如果你想参考一份更详细的复盘模板及复盘内容，可以关注微信公众号"焱公子"（ID：Yangongzi2015），并在对话框内输入关键词**"AI 复盘"**以获取。

3. 如何使用 ChatGPT 生成复盘总结

复盘模板生成完毕，剩下的工作就是在各个模块填充具体内容，即编写提示词让 ChatGPT 生成最终的复盘总结。

基于上例，我们为研发组长的 A 项目编写了如下信息：

A 产品开发和测试耗时 3 个月，比预期提前了 15 天完成。原预算 30 万元，实际花费 21 万元。投入使用后对比发现，A 产品的性能比 B 产品高 50%，造价与 B 产品持平，建议在未来半年内批量上线 A 产品逐步替换 B

产品，以进一步提升公司利润率和用户满意度。

本次项目我采用了新的管理方案，并重新设定了奖惩机制，全组的积极性明显高了很多，从结果上看也的确提前 15 天就超额完成了任务。

测试阶段发现了 5 个 bug（故障、缺陷），其中 1 个非常严重，我带领研发组额外用了 3 天时间才解决。后续要加强开发阶段的质量把控，避免这种情况再次发生。

将上述内容输入 ChatGPT，请它生成复盘总结（见图 1-51）。

YA 请基于上述模板和如下内容，帮我生成一份专业的复盘总结。

A 产品开发和测试耗时 3 个月，比预期提前了 15 天完成。原预算 30 万元，实际花费 21 万元。投入使用后对比发现，A 产品的性能比 B 产品高 50%，造价与 B 产品持平，建议在未来半年内批量上线 A 产品逐步替换 B 产品，以进一步提升公司利润率和用户满意度。

本次项目我采用了新的管理方案，并重新设定了奖惩机制，全组的积极性明显高了很多，从结果上看也的确提前 15 天就超额完成了任务。

测试阶段发现了 5 个 bug，其中 1 个非常严重，我带领研发组额外用了 3 天时间才解决。后续要加强开发阶段的质量把控，避免这种情况再次发生。

A 产品开发与测试工作复盘总结

部分	子标题	描述
成果	项目完成情况	本项目的开发和测试总共耗时 3 个月，比预期提前了 15 天完成
	目标达成情况	项目预算为 30 万元，实际花费 21 万元，较预算节省了 9 万元
	与预期的对比	A 产品性能比 B 产品高 50%，且造价持平。建议在未来半年内逐步用 A 产品替换 B 产品
自身贡献	具体职责	作为研发组长，我采用了新的管理方案，重新设定了奖惩机制
	协作与领导	新方案提高了团队的积极性，使得项目提前 15 天超额完成
	影响成果	我的管理策略推动了团队的高效工作，为项目的成功提供了有力保障
教训与改进	自我反思	我们在测试阶段发现了 5 个 bug，其中 1 个非常严重，解决这个问题用了团队额外的 3 天时间
	建议与规划	未来需要在开发阶段加强质量把控，减少 bug 的出现，避免消耗过多的时间在测试和修复阶段

总结：
- 本次项目的完成度较高，不仅在时间上提前完成，且花费也较预算节省。
- 通过对比发现，新产品 A 在性能和造价方面均表现优异，有望在未来提高公司的利润率和用户满意度。
- 在管理方面，新采用的管理策略和奖惩机制较好地激发了团队的积极性和工作效率。
- 对于未来的工作，需要在开发阶段更加注重产品的质量，减少后期测试和修复的工作量。

图 1-51

从图 1-51 中可以看到，这一版表格化的复盘总结已经比较清晰完整了，ChatGPT 甚至还贴心地在末尾进行了"总结"。

实战演练

你有多久没复盘过自己的工作了？复盘不仅仅是对自身工作的梳理，更是一次向同事、领导展示工作成绩的绝佳机会。现在，赶紧按照本节所述公式"**AI 生成复盘总结＝描述背景＋生成模板＋生成复盘总结**"，使用 ChatGPT 生成你的复盘总结，来一次展示吧！

1.11 新闻通讯：快速撰写新闻稿，提升企业形象和知名度

本节提示

企业新闻稿是宣传企业品牌、产品或服务、公司里程碑等的绝佳手段，它能帮助企业在公众面前更好地建立正面形象，吸引媒体注意，进而影响潜在客户或合作伙伴。借助 ChatGPT 生成企业新闻稿，可分为 3 步：明确新闻稿的结构；基于结构生成新闻稿模板；基于模板生成最终的新闻稿全文。

我们将这 3 步提炼为一个公式：

AI 生成新闻稿＝明确结构＋生成模板＋填充内容

1. 使用 ChatGPT 生成一个标准的企业新闻稿模板

一篇标准的企业新闻稿结构通常包含**标题、导语、正文、结语** 4 个部分。我们可以基于此，问问 ChatGPT 具体应该怎么写。输入提示词（见图 1-52）：标准的企业新闻稿包括标题、导语、正文和结语 4 个部分，请从一个专业的新闻工作者的角度，告诉我这 4 个部分具体该如何写才能更吸引人。

YA 标准的企业新闻稿包括标题、导语、正文和结语 4 个部分，请从一个专业的新闻工作者的角度，告诉我这 4 个部分具体该如何写才能更吸引人。

⑤ 确实，一个标准的企业新闻稿主要包括标题、导语、正文和结语这 4 个部分。下面我将从专业新闻工作者的角度详细解释如何撰写这 4 个部分，以使其更具吸引力。

1. 标题（Headline）
标题是新闻稿的第一印象，它应该是吸引读者的钥匙。标题应该：

- **简洁明了：** 用尽可能少的词语传达尽可能多的信息。
- **具体且直接：** 避免使用模糊或笼统的词语。
- **引人入胜：** 用动词和有力量的词语来引起读者的兴趣。

2. 导语（Lead）
导语是对新闻稿主题的一个简洁明了的概述，它应该：

- **包含重要信息：** 回答"谁""什么""何时""在哪里""为什么""如何"的问题。
- **引导读者：** 让读者对接下来的内容充满期待。

3. 正文（Body）
正文包含新闻稿的详细信息，要使其吸引人，可以考虑：

- **结构清晰：** 用段落划分不同的信息点，让读者容易跟踪。
- **使用引用：** 包括来自公司内部或行业专家的引用，以增加内容的可信度。
- **包含数据：** 使用数据和事实支持你的信息，使内容更具说服力。

4. 结语（Conclusion）
结语是新闻稿的结尾部分，它应该：

- **总结重点：** 简洁地回顾新闻稿的主要信息。
- **提供联系信息：** 包括公关或媒体联系人的信息，以便记者或读者可以进一步询问或了解。

图　1-52

　　要写出规范且优质的企业新闻稿，需要注意 6 个核心要点。**一是标题。**标题要简短、引人注目且传达出新闻的要点，因为捕捉读者的注意力是关键。**二是导语。**在文章的开头简要介绍新闻的主题和重要性，以引导读者继续阅读。**三是结构。**新闻稿遵循"倒金字塔"结构，即从最重要的信息开始，然后逐步阐述背景和其他细节。**四是引用和观点。**包括引用公司高管、员工或业内专家的意见和评论，使新闻更具权威性和深度。**五是事实和数据准确。**确保提供的所有信息都是准确且实时的，同时要使用相关数据和统计来佐证陈述。**六是表述清晰简洁。**避免使用行业术语和复杂的句子结构，要确保读者可以轻松理解新闻稿。

　　把上述要点输入 ChatGPT，让它基于此结构与要点，生成一篇标准的企业新闻稿模板（见图 1-53）：请匹配我列出的要点，为我创建一篇标准的企业新闻稿模板。

YA **你**

请匹配我列出的要点，为我创建一篇标准的企业新闻稿模板。

ChatGPT

当然，我会根据您列出的要点创建一个标准的企业新闻稿模板。这个模板将包括所有关键部分，您可以根据具体情况进行调整以适应您的需求。

企业新闻稿模板

标题
[简洁明了、具体直接、引人入胜的标题]

导语
在此段落中，简要介绍新闻的主要内容，确保涵盖"谁""什么""何时""在哪里""为什么"和"如何"的关键信息。导语应该引导读者想要继续了解全文。

正文
背景介绍
在这一部分提供相关事件或产品的背景信息，帮助读者理解新闻的重要性或市场背景。

详细信息
展开详细讲述新闻的核心内容，可以是产品发布、合作伙伴关系、企业并购等信息。使用清晰的段落划分不同的信息点。

数据和引用
引入相关数据支持新闻内容的重要性和真实性，包括统计数据、研究结果等。同时，可以引用公司内部人士或行业专家的话语，增加新闻的权威性和深度。

结语
在这一部分，简洁回顾新闻稿的主要信息点，总结新闻的重要性。同时，提供公司的联系方式，包括公关或媒体联系人的姓名、电话和电子邮件地址，方便记者和公众进一步联系或查询。

图　1-53

从图 1-53 中可以看到，ChatGPT 不仅严格按照 4 个部分的结构生成了模板，正文部分还详细列明了具体应该写些什么。

2. 使用 ChatGPT 生成一篇完整的企业新闻稿

有了结构清晰的模板，下一步即填充具体内容。下面，我们以"甲公司为即将上市的新产品造势，要发布新闻稿"为例，给 ChatGPT 输入以下信息：

甲公司新产品 Jabc 在本月举办的全球科技论坛上一亮相，就引爆了全场，专家称这无疑是一款跨时代的产品，势必引领行业未来，甚至改变行业格局。

该产品采用了最先进的人工智能技术，可以为用户带来超乎想象的使用体验。在此前的封闭测试中，该产品的表现也非常出色，用户满意度达到 99%。

该产品将于明年 1 月正式上市销售。

接下来，让 ChatGPT 基于模板和上述信息，使用专业而权威的语气，生成一篇完整的企业新闻稿（见图 1-54）。

YA 请基于上述模板和如下内容，使用专业而权威的语气，帮我生成一份完整的企业新闻稿。

甲公司新产品 Jabc 在本月举办的全球科技论坛上一亮相，就引爆了全场，专家称这无疑是一款跨时代的产品，势必引领行业未来，甚至改变行业格局。
该产品采用了最先进的人工智能技术，可以为用户带来超乎想象的使用体验。在此前的封闭测试中，该产品的表现也非常出色，用户满意度达到 99%。
该产品将于明年 1 月正式上市销售。

标题：[甲公司新产品 Jabc 惊艳亮相全球科技论坛，被誉为跨时代的行业革命]

导语：甲公司新产品 Jabc 在本月的全球科技论坛上震撼亮相，以其前瞻性和创新性吸引了无数眼球。专家和业内人士一致认为，Jabc 是一款具有时代革命性的产品，它将无疑引领行业的未来发展，并有潜力重新定义行业格局。

正文：

- 开头段落：
  甲公司以其创新性强、技术领先的新产品 Jabc，在本月的全球科技论坛上成为一颗璀璨的明星。其先进的人工智能技术和卓越的使用体验，赢得了与会专家和观众的一致好评。
- 引用段落：
  行业专家评论说："甲公司的 Jabc 产品无疑是一款跨时代的产品。它不仅将引领行业的未来，更有可能改变整个行业的竞争格局。"
- 数据和事实支撑：
  在之前的封闭测试阶段，Jabc 产品的表现非常优秀，用户满意度高达 99%。这充分证明了该产品在满足市场需求和用户期待方面的强大实力。
- 其他信息和细节：
  甲公司宣布，Jabc 将于明年 1 月正式上市销售，届时消费者将有机会体验到这款创新又智能的产品。

结语：

关于甲公司：

甲公司是一家在全球范围内享有盛誉的技术创新企业，专注于开发符合市场需求且技术领先的产品。更多详情，请访问 [公司网站链接] 或联系 media_relations@companya.com。

图 1-54

可以看出，这篇新闻稿从结构到内容，都比较符合新闻稿的基本要求。只需根据具体情况稍做修改，便可以使用。

针对不同的工作岗位，我们也准备了一些不同的新闻稿模板，但限于篇幅，无法逐一展示。如果你感兴趣，可以关注微信公众号"焱公子"（ID：Yangongzi2015），并在对话框内输入关键词**"AI 新闻稿"**以获取。

实战演练

你公司最近有什么新闻需要发布吗？请按照本节所提供的公式"AI生成新闻稿 = 明确结构 + 生成模板 + 填充内容"，试着生成一篇，感受一下 ChatGPT 的又快又好吧！

1.12　商业信函：搞定专业范文，轻松应对各种商务场合

本节提示

商业信函是商务沟通中常见且重要的书面表达方式。它广泛用于表达请求、建议、感谢、道歉等各种商业意图，是企业保持专业形象、维护商业关系的有效手段。借助 ChatGPT 生成商业信函，可分为 3 步：搭建商业信函的内容框架；选择商业信函的具体应用场景；基于框架与场景，生成完整的商业信函。

我们将这 3 步提炼为一个公式：

AI 生成商业信函 = 搭建框架 + 选择场景 + 生成正文

商业信函可用于各种正式商务场合。例如，当企业或个人想要与其他组织进行**项目合作**时，可以通过商业信函表达意愿和提议，详细描述合作的意图、目的和预期效果。当完成一项项目或活动时，可以通过商业信函向合作方、客户和参与者表达感谢，也可以将其作为**回馈**的一种形式。当遇到产品或服务的问题时，可以通过商业信函提出投诉或建议，帮助企业改进。当组

织各种商务活动时，如研讨会、发布会、庆祝活动等，可以通过商业信函来**邀请**合作伙伴、客户或其他相关人员。当需要获取产品或服务的详细信息和报价时，可以通过商业信函进行**咨询**和**询价**。

在撰写商业信函时，我们需要遵循 5 个要点。**第一，目的明确**。在开始撰写信函前，需要明确信函的目的，确保内容的相关性和准确性。**第二，格式规范**。使用规范的格式，包括标题、称呼、正文、结束语和签名等，以展示专业的形象。**第三，语言简洁**。尽可能使用简洁明了的语言，避免复杂句子和行业术语，确保接收方容易理解。**第四，个性化设计**。根据接收方的特点和需求，进行个性化的调整和设计，使信函更加贴近接收方的偏好。**第五，及时跟进**。发送信函后，需要及时跟进接收方的反馈，以便进行后续的沟通和处理。

1. 使用 ChatGPT 搭建商业信函的内容框架

一封专业的商业信函，通常由信头、收件人信息、称谓、正文、结束语、附件、签名 7 个部分构成，基于这 7 个部分，我们可以让 ChatGPT 协助搭建内容框架。

输入提示词（见图 1-55）：一封专业的商业信函包括信头、收件人信息、称谓、正文、结束语、签名、附件 7 个部分，请从一个专业的商务工作者的角度，帮我生成一个标准的商业信函内容框架。

> YA 一封专业的商业信函包括信头、收件人信息、称谓、正文、结束语、签名、附件 7 个部分，请从一个专业的商务工作者的角度，帮我生成一个标准的商业信函内容框架。
>
> 标准商业信函内容框架
>
> **信头 (Letterhead)**
> - 公司的 Logo（标识）
> - 公司名称
> - 公司地址
> - 公司联系方式（电话、邮箱）

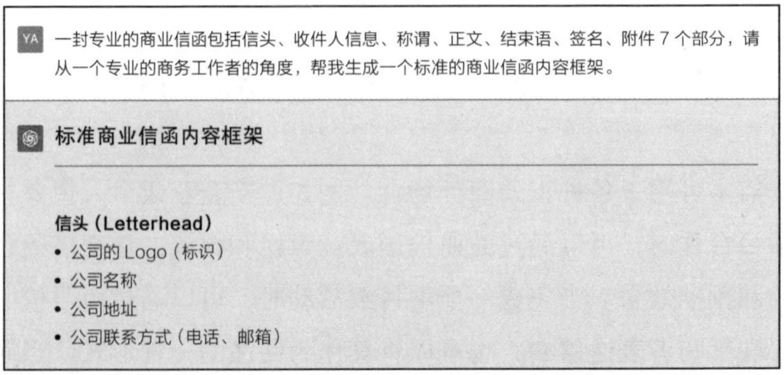

图 1-55

收件人信息 (Recipient Information)
- 收件人姓名 / 职称
- 公司名称
- 公司地址

称谓 (Salutation)
- 敬爱的先生 / 女士 / 博士等
- 收件人姓名

正文 (Body)
- **引言:** 简要介绍写信的目的和背景
- **主体:** 详细阐述相关信息、请求或建议,条理清晰
- **结尾:** 总结全文,表达希望收到回复的期待

结束语 (Closing)
- 以礼貌、正式的语言结束信件。例如:敬请回复、期待您的回信等

签名 (Signature)
- 发件人姓名
- 发件人职称
- 发件人联系信息

附件 (Enclosures)
- 如有附件,注明附件名称和数量

图　1-55(续)

2. 使用 ChatGPT 生成完整的商业信函

确定好格式后,现在需要选择一个具体的场景填充必要信息。下面,我们分别挑选"项目合作"和"投诉"两个场景进行演示,同时确认在不同场景下 ChatGPT 的输出质量能否保持一致。

先看"项目合作"场景,给 ChatGPT 输入以下信息(见图 1-56):

A 公司张总近日向 B 公司刘总提交了一份提案,希望能与 B 公司在企业培训方面达成合作。在提案里,A 公司充分展示了自己雄厚的师资力量和丰硕的培训成果,B 公司非常感兴趣。现在刘总打算给张总写一封信表达合作意愿,并邀请张总周末来 B 公司进一步探讨合作细节。

请你基于此背景和上述模板,帮我生成一封措辞专业、严谨的商业信函。

图 1-56

再看"投诉"场景，给 ChatGPT 输入以下信息（见图 1-57）：

C 公司与 D 公司签署了一个为期 1 年的网络维护服务合同，按照合同，C 公司需要向 D 公司派遣 3 名高级工程师、5 名中级工程师和 2 名初级工程师常驻现场进行交付。但 D 公司网络负责人老孙发现 C 公司到场人员经常只有 8 人，且其中只有 1 名高级工程师。老孙非常生气，向 C 公司对口负责人王经理发送了一份商业信函，措辞严厉地谴责 C 公司违反了合同约定，并强调如约定人员不能在本周内全员到岗，则合作立即终止。

　　请你基于此背景和上述模板，以一个资深职场人的身份，帮我生成一封商业信函。

YA C 公司与 D 公司签署了一个为期 1 年的网络维护服务合同，按照合同，C 公司需要向 D 公司派遣 3 名高级工程师、5 名中级工程师和 2 名初级工程师常驻现场进行交付。但 D 公司网络负责人老孙发现 C 公司到场人员经常只有 8 人，且其中只有 1 名高级工程师。老孙非常生气，向 C 公司对口负责人王经理发送了一份商业信函，措辞严厉地谴责 C 公司违反了合同约定，并强调如约定人员不能在本周内全员到岗，则合作立即终止。

请你基于此背景和上述模板，以一个资深职场人的身份，帮我生成一封商业信函。

[公司 Logo]

D 公司
888 Technology Drive
City, State, Zip Code
Phone:（555）123-4567
Email: sun@dcompany.com

日期: 2023 年 10 月 27 日

王先生
项目经理
C 公司
777 Service Street
City, State, Zip Code

尊敬的王先生：
我代表 D 公司，在此非常严肃地对 C 公司在网络维护服务交付中出现的严重问题表达我们的不满和关切。根据我们之前签署的合同，C 公司应该派遣 3 名高级工程师、5 名中级工程师和 2 名初级工程师常驻现场进行工作。但遗憾地通知您，我们发现到场人员经常只有 8 人，且其中只有 1 名高级工程师。

这种情况严重违反了我们的合同约定，也极大地影响了我们公司的网络维护和正常运营。我们要求 C 公司立即采取行动，确保本周内约定的所有人员全员到岗，否则我们将不得不考虑立即终止合作，并保留进一步追究法律责任的权利。

我们期望 C 公司能够认真对待此事，迅速采取有效措施解决当前的问题。我们希望能够尽快收到您的回复，并得知您的具体解决方案和改进计划。

非常严肃地，

[手写签名]

孙（姓）
网络负责人
D 公司
Phone:（555）123-4567
Email: sun@dcompany.com

附件: 合同副本（如有需要）

图　1-57

　　可以看出，针对上述两个不同的场景，ChatGPT 均能生成符合要求、量身定制的商业信函。

实战演练

　　如果你是公司的管理者或者商务人员，可以试着挑选一个具体的场景，按照本节所提供的公式"**AI 生成商业信函 = 搭建框架 + 选择场景 + 生成正文**"，使用 ChatGPT 给合作伙伴写一封商业信函。

1.13　文案策划：创意十足的文案，助你牢牢吸引用户目光

本节提示

　　优秀的文案对企业来说意义重大，不仅能够精准传达企业信息，引导用户产生购买行为，还能助力企业提升品牌形象和市场竞争力。本节将聚焦文案创作，分 3 步阐述如何借助 ChatGPT 生成创意文案：确定文案所针对的受众群体；确定文案的类型，比如是广告文案、公关文案还是社交媒体文案等；精细化陈述文案的具体需求。

　　我们将这 3 步提炼为一个公式：

　　　　AI 生成文案 = 确定受众 + 确定类型 + 精细化陈述需求

1. 七种常用的文案及其特点

　　根据用途和内容的不同，文案可以被划分为多种类型。下面，我们就常用的七种文案类型，分别来讨论它们的特点以及对应的不同使用场景。

　　广告文案：主要用于产品或服务的推广和销售，通常出现在各类广告媒体中，如电视、广播、网络、海报等。它们通常需要具有很强的吸引力和说服力，要能迅速吸引消费者的注意，并促使他们采取购买行动。

　　品牌文案：主要用于塑造和传播品牌形象，内容涵盖品牌故事、品牌口

号、品牌理念等。它们通常更注重文化和情感的表达，通过讲述品牌故事和理念，来增强消费者对品牌的认知和感情。

营销文案：主要用于吸引和引导消费者进行购买，如电商平台的商品描述、促销活动说明等。它们通常需要详细描述产品的功能和优点，以及优惠政策等信息，以便消费者做出购买决策。

SEO 文案：主要用于提高网站或网页在搜索引擎中的排名，以吸引更多流量。它们通常需要在保持内容质量的同时，合理使用关键词，以满足搜索引擎的优化要求。

社交媒体文案：主要用于在社交平台上的宣传，如微博、抖音、公众号等，以吸引消费者关注和互动。它们通常更加轻松、幽默，注重与消费者的参与互动。

技术文案：主要用于描述和介绍技术性产品或服务，如软件、硬件、互联网服务等。它们通常需要具有一定的专业性，能够详细、准确地介绍技术产品或服务的特点和使用方法。

公关文案：主要用于维护和提升企业或品牌的公共形象，如新闻稿、活动报道等。它们通常需要注重文字的公正性和准确性，以传达企业或品牌的正面信息。

2. 优秀文案的典型结构

优秀文案的典型结构，通常由**标题**、**引言**、**主体**、**结尾**四部分构成。文案的标题是吸引用户注意力的第一步，需要简短有力，快速传达出文案的核心信息。而引言、主体与结尾三部分，则视文案类型的不同，侧重点和具体内容也有所不同。

下面以最常用的营销文案、品牌文案和社交媒体文案为例，详细拆解它们在引言、主体和结尾三部分内容上有何不同之处。

（1）营销文案。

引言：侧重抓住消费者的注意力，引发兴趣。具体而言，通常是通过提出问题、揭示痛点或使用引人注目的统计数据，创造出与消费者相关联的场景，让消费者感到文案值得一读。

主体：侧重详细解释产品或服务的优势，展示其价值。具体而言，通常是详细介绍产品或服务的特点、优势，以及与竞品的对比。可以使用故事、案例或数据等方式，让消费者更直观地了解产品或服务的实际效果和应用场景。

结尾：侧重明确的行动号召，引导消费者采取行动。具体而言，通常是清晰表达希望消费者采取的行动，如购买、注册、咨询等。同时，也可以加入限时优惠、赠品等信息，刺激消费者的购买欲望，促使其尽快做出购买决策。

（2）品牌文案。

引言：侧重建立情感联结、引发共鸣。具体而言，通常是通过讲述品牌故事、品牌的愿景和使命，或是引用与品牌相关的引人入胜的故事或现象，引发读者的兴趣和好奇心。

主体：侧重展示品牌价值和特点。具体而言，通常是详细介绍品牌的历史、文化，产品或服务的特点，突出品牌的独特性和价值。

结尾：侧重加强品牌记忆和引发情感共鸣。具体而言，通常是总结品牌的核心价值，强调品牌愿景，也可以加入对未来的展望，增强读者对品牌的记忆和好感。

（3）社交媒体文案。

引言：侧重吸引注意力并引发兴趣。具体而言，通常是通过提出疑问、分享观点或使用引人注目的图片、标语，快速吸引用户的注意力并引发他们的兴趣。

主体：侧重提供价值或娱乐内容。具体而言，通常是有趣的故事、实用的信息或与用户相关的话题讨论，以保持内容轻松、有趣且富有吸引力。

结尾：侧重鼓励参与和互动。具体而言，通常是加入问题、投票或直接邀请用户留言和分享，鼓励用户参与互动，以增强文案的传播力和影响力。

3. 使用 ChatGPT 生成创意十足的企业文案

遵循以下三个步骤，可以轻松生成任何一种类型的文案。

第一步：确定目标受众。优秀的文案一定是用户导向的，在生成文案前，首先需要明确用户画像，如他们有什么具体的特点和喜好，身处一线城市、二三线城市还是农村，消费水平处在什么层次，等等。

第二步：确定文案类型。明确写文案的目的是什么，是要写营销文案、品牌文案还是社交媒体文案。

第三步：使用 ChatGPT，精细化陈述需求，生成文案。需要告知 ChatGPT 上述两步以及相关的其他信息，以确保它生成足够具有针对性的高质量文案。

下面我们分别以营销文案和品牌文案为例，演示具体应该如何写提示词，并展示最终文案的生成效果。

先看案例 1，生成营销文案。给 ChatGPT 输入以下提示词（见图 1-58）：

A 公司新上市了一款面膜，目标受众是一线城市 30 岁左右的职场精英女性，该面膜最大的特点是包装精美，补水抗衰效果明显优于同类产品，但定价也比同类产品贵 20% 左右。

你是一个资深的文案写手，请基于优秀文案的典型结构以及营销文案的特点，为该产品写一条足够吸睛的营销文案。

请注意，你需要基于标题、引言、主体和结尾这样的结构来生成，但不需要在文案中体现这些字眼。

YA　A 公司新上市了一款面膜，目标受众是一线城市 30 岁左右的职场精英女性，该面膜最大的特点是包装精美，补水抗衰效果明显优于同类产品，但定价也比同类产品贵 20% 左右。
你是一个资深的文案写手，请基于优秀文案的典型结构以及营销文案的特点，为该产品写一条足够吸睛的营销文案。
请注意，你需要基于标题、引言、主体和结尾这样的结构来生成，但不需要在文案中体现这些字眼。

⑤　为忙碌的都市精英定制，时尚的新护肤秘密已揭晓。

都市忙碌间，每一滴水分都显得弥足珍贵。A 公司倾心献上，专为职场精英女性打造的奢华面膜。独特的包装设计如同艺术品，每一次的护肤都是对自己的尊重和奖赏。

不仅如此，深入肌肤底层的补水配方与卓越的抗衰效果，带给您前所未有的滋养体验。相比同类产品，它如同珍藏的红酒，贵了，但每一分都值得。

当你可以选择卓越时，为什么选择普通？ 立即升级您的日常护肤，因为您值得更好的！

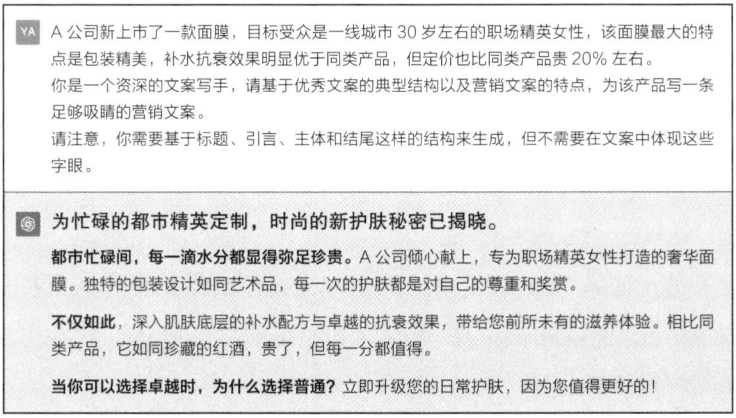

图　1-58

文案对面膜卖点的描述清晰简练，结尾处还用一个金句"当你可以选择卓越时，为什么选择普通？"，来对全文做了升华。

再看案例 2，生成品牌文案。给 ChatGPT 输入以下提示词（见图 1-59）：

E 公司是一家历史悠久的企业，已经创建了 100 多年，在移动通信领域的地位举足轻重。公司周年庆在即，E 公司想要拍摄一条品牌宣传视频，向业界展示公司的文化和影响力。

你是一个资深的文案写手，请基于优秀文案的典型结构以及品牌文案的特点，为 E 公司写一条充满高级感和情怀的品牌文案。

请注意，你需要基于标题、引言、主体和结尾这样的结构来生成，但不需要在文案中体现这些字眼。

> **YA** E 公司是一家历史悠久的企业，已经创建了 100 多年，在移动通信领域的地位举足轻重。公司周年庆在即，E 公司想要拍摄一条品牌宣传视频，向业界展示公司的文化和影响力。
> 你是一个资深的文案写手，请基于优秀文案的典型结构以及品牌文案的特点，为 E 公司写一条充满高级感和情怀的品牌文案。
> 请注意，你需要基于标题、引言、主体和结尾这样的结构来生成，但不需要在文案中体现这些字眼。
>
> **世代沟通，E 公司的传承与革新。**
>
> **在岁月的长河中，百年企业如同灯塔，**为世界照亮了移动通信的方向。E 公司，一个百年的名字，见证了技术的起落与历史的风云。
>
> **百年荣光，不仅仅是时间的堆积。**从电报到 5G，从呼叫转移到物联网，E 公司始终站在时代的前沿，不断推动通信技术的发展。我们的传统是创新，我们的情怀是连接。这百年来，E 公司与时代同行，与每一个你相伴。
>
> **回望过去，我们深知每一步的决策如何影响未来。**周年庆之际，我们不仅想分享我们的历程，更希望展望未来，与全球的合作伙伴共绘新篇章。
>
> **百年非短暂，却只是开始。**E 公司感谢有你，我们将继续与世界对话，为下一个世纪再创辉煌。

图　1-59

由此可见，这条 ChatGPT 生成的品牌文案还是比较符合文案特点的。若再稍加润色，配上精心拍摄的视频画面和厚重磁性的嗓音，就能得到一条不错的公司品牌宣传视频了。

如果你还想了解更多类型的 AI 文案撰写技巧，可以关注微信公众号

"焱公子"（ID：Yangongzi2015），并在对话框内输入关键词**"AI 文案"**以获取。

> **实战演练**
>
> 有了 ChatGPT，我们不必再担心文笔不过关。选择一种你喜欢的文案类型，按照本节所提供的公式**"AI 生成文案 = 确定受众 + 确定类型 + 精细化陈述需求"**，用 ChatGPT 试一试效果吧！

| 第2章 |

运用 AI 处理图表数据
别怕！不是理科生也照样能轻松搞定

在现代职场中，数据分析处理和写作一样，是职场人必须掌握的核心技能。我们身处瞬息万变的信息时代，每天都在主动或被动地接触各类报表、订单和用户信息，能够快速且准确地筛选、处理这些数据，是做出正确业务决策的重要前提。然而，面对各类表格、公式、函数、图例，动辄成千上万行的数据，人们不免眼花缭乱。尤其对非理工科背景的职场人来说，快速处理这类巨量的复杂数据，确实是一个巨大的挑战。

本章的核心任务，就是解决这一问题。我们将演示如何利用 ChatGPT 强大的数据分析处理能力，最大限度地简化这一工作流程。让哪怕丝毫不熟悉 Excel，也没有数据处理经验的新手，也能轻松搞定复杂数据。

本书第 1 章内容，聚焦的是"如何运用 AI 处理文字"。如果你已经完整地读完了第 1 章，并亲自实践过一两个具体场景，那么我们想给你先吃一颗定心丸：对于本章接下来的内容，完全不必有任何畏难情绪。

"职场写作"和"数据处理"听起来似乎一文一理，但从使用 AI 的角度看，二者的思维逻辑和操作方式几乎一模一样。

让我们先简单回顾，在第 1 章开篇提到的撰写高质量提示词的基本结构。无论向 ChatGPT 输入什么类型的提示词，其基本结构都离不开以下 3 句话：

- 你是谁。（定义角色）

- **你要帮我做什么。**（任务目标）
- **做这件事要注意什么。**（具体限定及任务背景）

例如，想让 ChatGPT 生成一条短视频文案，那么根据上述结构，通常这样写提示词：

你是一个非常资深的短视频 up 主。**（定义角色）**

现在我需要你撰写一条抖音短视频文案。**（任务目标）**

该文案以最近的 ×× 热点事件为切入点，要严格匹配抖音爆款短视频文案的特点，开头要有悬念，语言要充满情绪和煽动性。500 字左右。**（具体限定及任务背景）**

如果现在并非要处理文字，而是处理数据，同样可以直接套用这一结构。例如，想让 ChatGPT 从指定的数据表里，计算出所有员工的月薪之和，可以这样写提示词：

你是一个非常专业的数据处理专家。**（定义角色）**

现在我需要你基于我上传的表格，计算所有员工上个月的月薪之和。**（任务目标）**

计算结果直接返回到对话框，同时展示你的计算过程。**（具体限定及任务背景）**

看，是不是完全一致的操作方式？

当然，处理"文字"和处理"数据"相比，客观上还是有所不同——文字是多元的，而数据是唯一的。

当要求 ChatGPT 基于提示词生成一篇演讲稿时，我们每次刷新，它都会给出能够匹配要求但又不尽相同的文本内容。此时我们要做的，是选择其中更匹配个人审美或更符合需求的一篇。如果是数据处理操作，比如上例中的对月薪进行求和，正确结果只有一个。此时要做的就不是不断刷新，而是验证结果是否准确。

从这一角度讲，尽管 ChatGPT 生成文字和处理数据运用的是同一逻辑，也可采用同样的结构撰写提示词，但在面对某些具体场景时，比如本章中的

"数据整理""数据查重""数据合并与拆分"等，我们都需要在基本结构的基础上，额外再加入两个步骤：**开始前输入原始数据源及最后检验结果的正确性。**

不过，别担心，这一点儿都不复杂。

如果你懒得自己检验，可以要求 ChatGPT 自查并展示完整思路，以确保结果正确。事实上，在本章的多个小节里，我们使用的就是这一思路。

请相信，一旦你熟练掌握了 ChatGPT 的使用方法和技巧，就相当于掌握了数据处理的万能钥匙。从此以后，你无须再去记忆繁复的公式、函数、VBA 代码、数据透视表操作细节，只需专注于需求的发布和你要的结果，便足够了。

现在，让我们马上开始吧。

2.1 表单模板：轻松创建各类模板，形成 SOP 简化日常工作

 本节提示

在职场中，我们经常需要制作各种表单模板，以便不同员工在相似的场景或需求下重复使用。模板通常包含标准化的字段和格式，能根据特定需求进行修改和定制。设计一个既具灵活性以适应各种情况，又能保持足够简洁和易于使用的表单模板，可借助 ChatGPT，具体分为 4 步：了解表单属性；完成表单初稿制作；基于初稿反复检查、试用并修正；将完善后的结果存为模板。

我们将这 4 步提炼为一个公式：

AI 创建表单模板 = 了解属性 + 制作初稿 + 检查试用 + 优化存模

1. 了解表单属性

不同岗位、不同用途的表单是不一样的，只有了解表单属性才更有助于我们制作出适用的表单。在制表前，你完全可以借助 ChatGPT 来快速了解所

需制作表单的属性。

案例 1：一名运营人员需要制作运营工作复盘表。

输入提示词（见图 2-1）：你是一名专业的表单制作高手，我是运营人员，我需要制作一张运营工作复盘表。该表单通常需要包含哪些字段？你对表单设计有什么建议？

> **YA** You
> 你是一名专业的表单制作高手，我是运营人员，我需要制作一张运营工作复盘表。该表单通常需要包含哪些字段？你对表单设计有什么建议？
>
> **ChatGPT**
> 作为一名运营人员，制作运营工作复盘表时，可以考虑包含以下字段：
>
> **1. 项目名称：** 明确指出复盘的项目或活动名称。
> **2. 时间范围：** 包括项目开始和结束的日期。
> **3. 目标与实际结果：** 列出项目的目标和实际达成的结果，便于对比分析。
> **4. 关键绩效指标（KPIs）：** 列出用于衡量成功的关键绩效指标。
> **5. 团队成员：** 参与项目的团队成员名单及其角色。
> **6. 任务分解：** 项目中的主要任务和负责人。
> **7. 成功要素：** 分析促成成功的关键因素。
> **8. 问题与挑战：** 记录在项目过程中遇到的问题和挑战。
> **9. 改进措施：** 基于遇到的问题提出的改进措施或建议。
> **10. 客户反馈：** 如果适用，包括客户反馈或市场反响。
> **11. 财务数据：** 包括预算、实际花费以及投资回报率（ROI）等。
> **12. 未来规划：** 基于复盘分析，对未来的规划或调整。
>
> 对于表单设计的建议：
>
> • **清晰性：** 确保表单布局清晰、逻辑性强，便于阅读和填写。
> • **简洁性：** 避免不必要的复杂性，只包含必要字段。
> • **灵活性：** 设计时考虑到不同项目的特殊需求，保持一定的灵活性。
> • **用户友好：** 如果表单是电子形式的，确保易于在不同设备上填写。
> • **可视化：** 使用图表或图形来展示关键数据，使信息更直观。
> • **追踪变化：** 设计表单时，考虑到追踪项目进展和结果的变化。
> • **保密性：** 确保敏感信息的安全，特别是在共享或存储表单时。
>
> 总之，良好的表单设计应考虑到布局的清晰性、内容的简洁性和用户友好性，同时还需要考虑到数据的安全性和隐私保护。

图　2-1

2. 制作表单初稿

参考 ChatGPT 给出的建议，我们就可以制作出案例 1 "运营工作复盘表"初稿（见图 2-2）。输入提示词：请基于以上建议，帮我制作一张运营工作复盘表。

You

请基于以上建议，帮我制作一张运营工作复盘表。

ChatGPT

运营工作复盘表

制表日期：________

复盘负责人：________

项目基本信息

项目名称：________

时间范围：从_____到_____

团队成员：________

目标与实际结果

项目目标：________

实际结果：________

关键绩效指标（KPIs）

指标名称 | 目标值 | 实际值 | 偏差分析

任务分解与执行情况

任务 | 负责人 | 完成状态 | 备注

成功要素与问题挑战

成功要素 | 问题与挑战

改进措施

问题描述 | 建议的改进措施

客户反馈（如果适用）

反馈概述 | 反馈的影响

财务数据

预算 | 实际花费 | 投资回报率（ROI）

未来规划

基于复盘的建议 | 后续行动计划

图 2-2

按照上述思路，使用 ChatGPT 可以制作出任何你想要的表单初稿。

案例 2：制作产品销售记录表。

首先，了解表单属性。输入提示词（见图 2-3）：*你是一名专业的表单制作高手，我是销售人员，我需要制作一张产品销售记录表。该表单通常需要包含哪些字段？你对表单设计有什么建议？*

You

你是一名专业的表单制作高手，我是销售人员，我需要制作一张产品销售记录表。该表单通常需要包含哪些字段？你对表单设计有什么建议？

ChatGPT

作为一名销售人员，当你需要制作产品销售记录表时，以下是一些通常需要包含的字段，以及关于表单设计的一些建议：

图 2-3

销售记录表应包含的字段

1. **日期**：销售发生的日期。
2. **销售代表**：进行销售的销售人员姓名。
3. **客户名称**：购买产品的客户或公司名称。
4. **产品名称**：销售的产品名称。
5. **产品编号**：产品的唯一识别码或SKU（库存单位）。
6. **数量**：销售的产品数量。
7. **单价**：产品的单价。
8. **总价**：销售总额（数量×单价）。
9. **支付方式**：客户的支付方式（如现金、信用卡、转账等）。
10. **交货状态**：产品的交货或发货状态。
11. **备注**：任何特殊情况或额外信息。

表单设计建议

• **简洁明了**：保持表单简洁，避免不必要的复杂性，确保易于填写和理解。
• **逻辑清晰**：按照销售流程的自然顺序排列字段。
• **易于数据分析**：设计表单时考虑到数据的后续分析，例如使用标准化日期格式和产品编号。
• **灵活性**：某些字段（如备注）应具备灵活性，以便记录额外信息。
• **用户友好**：如果表单是电子形式，确保它在不同的设备和屏幕上都易于使用。
• **数据验证**：在电子表单中，可以使用数据验证确保信息的准确性（如限制日期格式、数字字段等）。
• **安全性**：保护客户和业务的敏感信息，特别是在在线或共享环境中。
• **视觉效果**：适当使用颜色和字体来突出关键信息，但不要过于花哨。

图　2-3（续）

接着，制作初稿。输入提示词（见图 2-4）：你是专业的表单制作高手，请帮我制作一张产品销售记录表，方便记录产品销售情况。

> **YA** You
> 你是专业的表单制作高手，请帮我制作一张产品销售记录表，方便记录产品销售情况。
>
> **ChatGPT**
> 当然可以帮您设计一张产品销售记录表。考虑到常见的产品销售记录需求，我会设计一张包含以下字段的表格：
>
> 1. **订单编号**：用于唯一识别每个订单。
> 2. **客户名称**：购买产品的客户或公司名。
> 3. **产品名称**：所售出的产品名称。
> 4. **数量**：销售的产品数量。
> 5. **单价**：每个产品的单价。
> 6. **总金额**：根据数量和单价计算的总金额。
> 7. **订单日期**：订单生成的日期。
> 8. **交货日期**：预计或实际的产品交付日期。
> 9. **支付状态**：标记为"已支付""未交付"或"部分支付"等。
> 10. **交付状态**：标记为"已交付""未交付"或"部分交付"等。
> 11. **销售代表**：处理此订单的销售人员名字。
> 12. **备注**：任何特殊说明或附加信息。

图　2-4

特别提示：给到的背景信息越详尽，ChatGPT 生成的表单会越接近你想要的。

继续案例 2 "制作产品销售记录表"，添加背景信息，输入提示词（见图 2-5）：请基于上表，添加字段"折扣""利润""税费"和"运费"，生成一张更加完整的销售记录表。

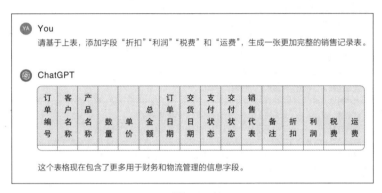

图　2-5

值得注意的是，**在制作表单前我们需要了解表单属性，这一步骤不能省略**。原因在"本书导读"里有说："求助者心态"是被动的，是将自己的诉求完全依附于 ChatGPT 的回复。若把 ChatGPT 当成救世主，只知道直接提问题求帮忙，却对自己想要达成的目标没有任何具体想法，也就不能分辨表单制作的对错。

我们要具备的是"掌控者心态"，即非常清楚自己想要的是什么，并且有着更高的认知水平，能够审视与判断 ChatGPT 回答的优劣。下文我们会说到，制作表单模板需要经历好几轮试用与优化的过程，所以制表前"了解表单属性"至关重要。只有了解与掌握了表单属性，才能根据 ChatGPT 的回答来实时调整问题，从不断的咨询与回复中得到最优解。

3. 让 ChatGPT 检查初稿并给出意见

在实际工作中，考虑到不同员工的技能水平和经验差异，为确保表单易于理解和填写，我们可以在表单初稿完成后，让 ChatGPT 检查并给出意见，以确认其科学可用。

继续案例 1 "制作运营工作复盘表"，我们将初稿发给 ChatGPT 征求其意见。输入提示词（见图 2-6）：这是我制作的运营工作复盘表，作为资深运营人员，请你从用户视角出发，帮我检查一下表单是否适合所有人使用，是否简单、易操作，以及每个关键字段有没有歧义。

YA You

这是我制作的运营工作复盘表，作为资深运营人员，请你从用户视角出发，帮我检查一下表单是否适合所有人使用，是否简单、易操作，以及每个关键字段有没有歧义。

运营工作复盘表
制表日期：______________
复盘负责人：______________

项目基本信息
项目名称：______________
时间范围：从________到___________
团队成员：______________

目标与实际结果
项目目标：______________
实际结果：______________

关键绩效指标（KPIs）
指标名称 | 目标值 | 实际值 | 偏差分析

任务分解与执行情况
任务 | 负责人 | 完成状态 | 备注

成功要素与问题挑战
成功要素 | 问题与挑战

改进措施
问题描述 | 建议的改进措施

客户反馈（如果适用）
反馈概述 | 反馈的影响

财务数据
预算 | 实际花费 | 投资回报率（ROI）

未来规划
基于复盘的建议 | 后续行动计划

图　2-6

ChatGPT

您的运营工作复盘表设计得很全面，包含了项目管理和评估的关键要素。下面是从用户视角出发所提的一些建议：

1. **制表日期和复盘负责人：** 这部分很清晰，有助于确定责任和时间框架。
2. **项目基本信息：** 提供了项目的基本信息，但建议添加一个“项目简介”字段，以便用户快速理解项目的总体目标和背景。
3. **目标与实际结果：** 明确区分了目标和实际结果，有助于快速评估项目的成功程度。
4. **关键绩效指标（KPIs）：** 这部分设计得很好，不仅包括了目标值和实际值，还有偏差分析，有助于深入理解各项指标的表现。
5. **任务分解与执行情况：** 清晰地展示了任务的负责人和完成状态。建议在“备注”栏中添加一个选项，说明任务未完成或延期的原因。
6. **成功要素与问题挑战：** 这有助于总结经验和识别问题，但建议加入一个“影响评估”字段，以评估这些要素和挑战对项目的具体影响。
7. **改进措施：** 结构合理，有助于从问题中学习并提出解决方案。
8. **客户反馈：** 如果适用，这部分对于客户导向的项目非常重要。建议加入一个“客户满意度评分”字段。
9. **财务数据：** 包含了预算、实际花费和投资回报率，是评估项目财务表现的关键。
10. **未来规划：** 这部分有助于从复盘中获得的洞见转化为实际行动。

图 2-6（续）

从图 2-6 中可以看到，ChatGPT 很快给出了检查结果及改进建议，并且对子项做了补充。

4. 多次试用，记录表单未能涵盖的地方

多次试用，才能确认表单是否可以沉淀为模板，以便之后全员使用。所以，当表单初稿检查通过后，我们就要在工作场景中不断试用，并注意收集试用的结果和相关反馈。然后汇总，一起提供给 ChatGPT，以识别和修正表单中的不足之处。

特别提示：在描述优化提示词的时候，告诉 ChatGPT 原始表单长什么样子，它会更好地帮你做出新表单。

案例 3：优化项目任务分配表。

输入提示词（见图 2-7）：经过三次试用，我发现现在的表单缺少了每个项目实际完成日期、延期原因，以及一个收集团队成员对任务分配反馈的机制，请基于你的专业，帮我优化输出新的项目任务分配模板。

MI You

经过三次试用，我发现现在的表单：

项目任务分配表模板（第一次试用后的版本）

任务编号	任务描述	负责人	优先级	预计开始日期	预计完成日期	任务状态
001			低 / 中 / 高			未开始 / 进行中 / 已完成
002			低 / 中 / 高			未开始 / 进行中 / 已完成
...			低 / 中 / 高			未开始 / 进行中 / 已完成

- **任务编号：**用于唯一标识每项任务。
- **任务描述：**简洁明了地描述任务内容。
- **负责人：**负责执行该任务的个人或团队。
- **优先级：**标明任务的紧急程度或重要性，可以使用"低""中"或"高"来表示。
- **预计开始日期和预计完成日期：**预期的任务开始和结束时间。
- **任务状态：**标明当前任务的进展情况，如"未开始""进行中"或"已完成"。

缺少了每个项目实际完成日期、延期原因，以及一个收集团队成员对任务分配反馈的机制，请基于你的专业，帮我优化输出新的项目任务分配模板。

ChatGPT

根据您提供的三次试用反馈，我们可以进一步优化项目任务分配表模板。现在的模板将包括实际完成日期、延期原因，以及一个收集团队成员对任务分配反馈的机制。以下是优化后的模板：

项目任务分配表模板（经过三次试用后的版本）

任务编号	任务描述	负责人	优先级	预计开始日期	预计完成日期	实际完成日期	任务状态	延期原因	团队反馈
001			低 / 中 / 高				未开始 / 进行中 / 已完成		
002			低 / 中 / 高				未开始 / 进行中 / 已完成		
...			低 / 中 / 高				未开始 / 进行中 / 已完成		

- **任务编号：**用于唯一标识每项任务。
- **任务描述：**简洁明了地描述任务内容。
- **负责人：**负责执行该任务的个人或团队。
- **优先级：**标明任务的紧急程度或重要性，可以使用"低""中"或"高"来表示。
- **预计开始日期和预计完成日期：**预期的任务开始和结束时间。
- **实际完成日期：**任务实际完成的日期，用于追踪任务的进度和及时性。
- **任务状态：**标明当前任务的进展情况，如"未开始""进行中"或"已完成"。
- **延期原因：**如果任务延期，这里记录导致延期的原因或情况。
- **团队反馈：**用于收集团队成员对任务分配的反馈或建议。

这个优化后的模板更全面地涵盖了任务管理的各个方面，同时提供了反馈机制，以促进团队间的沟通和协作。您可以根据实际情况调整列的顺序或增减字段，以适应您团队的具体需求。

图　2-7

5.持续优化，确定关键字段

在多次优化迭代后，可能会出现一些重复或不必要的字段，我们需要认

真对比与分析，来确定哪些是真正重要和必要的，并消除冗余的，务必使表
单更加聚焦于核心信息，为最后形成模板奠定高效的基础。

继续案例 1"制作运营工作复盘表"，在多次优化后，就可以借助
ChatGPT 确定关键字段。输入提示词（见图 2-8）：我已经根据多次反馈修改
了 5 个版本的表单，现在我需要确定最关键的字段，以便制作最终版本。请
你基于前几个版本的改进，帮我确定哪些信息是绝对必要的。

> MI You
> 我已经根据多次反馈修改了 5 个版本的表单，现在我需要确定最关键的字段，以便制作最终版本，请你
> 基于前几个版本的改进，帮我确定哪些信息是绝对必要的。
>
> 运营工作复盘表第 1 稿
> 1. 项目名称：　　日期：
> 2. 项目负责人：
> 3. 工作目标：　　（目标 1：　　目标 2：　　目标 3：　　）
> 4. 工作任务 1：　　完成情况：　　问题与挑战：
> 5. 工作任务 2：　　完成情况：　　问题与挑战：
> 6. 工作任务 3：　　完成情况：　　问题与挑战：
> 7. 下一步计划任务 1：　　截止日期：
> 8. 下一步计划任务 2：　　截止日期：
> 9. 下一步计划任务 3：　　截止日期：
>
> 运营工作复盘表第 4 稿
> 1. 项目名称：＿＿＿＿＿日期：＿＿＿＿＿
> 2. 项目负责人：＿＿＿＿＿
> 3. 项目描述：＿＿＿＿＿（请简要描述项目的背景和范围）
> 4. 工作目标：
> 　• 目标 1：＿＿＿＿＿关键绩效指标：＿＿＿＿＿
> 　• 目标 2：＿＿＿＿＿关键绩效指标：＿＿＿＿＿
> 5. 工作任务：
> 　• 任务 1：＿＿＿＿＿完成情况：＿＿＿＿＿问题与挑战：＿＿＿
> 　　成本和资源：＿＿＿＿＿文件附件：＿＿＿＿＿
> 　• 任务 2：＿＿＿＿＿完成情况：＿＿＿＿＿问题与挑战：＿＿＿
> 　　成本和资源：＿＿＿＿＿文件附件：＿＿＿＿＿
> 6. 下一步计划：
> 　• 任务 1：＿＿＿＿＿截止日期：＿＿＿＿＿
> 　• 任务 2：＿＿＿＿＿截止日期：＿＿＿＿＿
>
> 运营工作复盘表第 5 稿
> 1. 项目名称：＿＿＿＿＿
> 2. 项目负责人：＿＿＿＿＿
> 3. 项目描述：
> 　• 项目背景和范围：＿＿＿＿＿

图　2-8

4. 工作目标:
- 目标 1:
  - 描述: ....
  - 关键绩效指标: ....
- 目标 2:
  - 描述: ....
  - 关键绩效指标: ....

5. 工作任务:
- 任务 1:
  - 描述: ....
  - 完成情况: ....
  - 问题与挑战: ....
  - 成本和资源: ....
  - 文件附件: ....
- 任务 2:
  - 描述: ....
  - 完成情况: ....
  - 问题与挑战: ....
  - 成本和资源: ....
  - 文件附件: ....

6. 下一步计划:
- 任务 1:
  - 描述: ....
  - 截止日期: ....
- 任务 2:
  - 描述: ....
  - 截止日期: ....

7. 反馈和建议:
- 反馈内容: ....

✐

🌀 ChatGPT

根据前几个版本的改进,以下是制作最终版本运营工作复盘表所需的绝对必要信息:

1. 项目名称
2. 项目负责人
3. 项目描述 (包括项目的背景和范围)
4. 工作目标 (至少包括一个目标,每个目标需要包括描述和关键绩效指标)
5. 工作任务 (至少包括一个任务,每个任务需要包括描述、完成情况、问题与挑战、成本和资源、文件附件)
6. 下一步计划 (至少包括一个任务,每个任务需要包括描述和截止日期)
7. 反馈和建议 (如果需要收集反馈的话)

以上信息是最终版本运营工作复盘表中绝对必要的字段,可以确保全面记录和复盘运营工作的关键信息。

图　2-8(续)

ChatGPT 检查并确定了关键字段后,我们得到了优化好的第 6 稿表单
(见图 2-9)。

You

基于你的反馈，帮我生成新的一稿。

ChatGPT

根据之前的反馈，我帮您生成了新的一稿运营工作复盘表：

运营工作复盘表第 6 稿

1. 项目名称：----------------------------
2. 项目负责人：----------------------------
3. 项目描述：----------------------------（请简要描述项目的背景和范围）

4. 工作目标：

- 目标 1：
  - 描述：----------------------------
  - 关键绩效指标：----------------------------
- 目标 2：
  - 描述：----------------------------
  - 关键绩效指标：----------------------------

5. 工作任务：

- 任务 1：
  - 描述：----------------------------
  - 完成情况：----------------------------
  - 问题与挑战：----------------------------
  - 成本和资源：----------------------------
  - 文件附件：----------------------------
- 任务 2：
  - 描述：----------------------------
  - 完成情况：----------------------------
  - 问题与挑战：----------------------------
  - 成本和资源：----------------------------
  - 文件附件：----------------------------

6. 下一步计划：

- 任务 1：
  - 描述：----------------------------
  - 截止日期：----------------------------
- 任务 2：
  - 描述：----------------------------
  - 截止日期：----------------------------

7. 反馈和建议：

- 反馈内容：----------------------------

请根据具体需要填写和补充每个字段的信息，以制作最终版本的运营工作复盘表。

图   2-9

6. 沉淀为表单模板

当上述的第 6 稿表单趋于完善，将需要的信息都涵盖了后，就可以沉淀为模板，以便今后在职场中复用了。当然，我们也可以就模板的生成，询问 ChatGPT 的建议。输入提示词（见图 2-10）：我认为当前版本的表单已经很完善，现在我想将其确定为公司内部的标准模板。你有什么建议吗？

> **You**
> 我认为当前版本的表单已经很完善，现在我想将其确定为公司内部的标准模板。你有什么建议吗？
>
> **ChatGPT**
> 非常好，如果您打算将当前版本的运营工作复盘表确定为公司内部的标准模板，以下是一些建议。
>
> 1. **内部培训和指导：**在引入新的标准模板之前，为公司内部的员工提供培训和指导，以确保他们了解如何正确填写和使用这个模板。这可以通过培训课程、文档或在线资源来实现。
> 2. **反馈机制：**建立一个反馈机制，以便员工可以提出关于模板的建议或汇报任何可能的改进。这有助于不断改进模板，以满足组织的需要。
> 3. **模板维护：**确保有责任人负责维护和更新模板。随着时间的推移，可能会出现需要进行更新或改进的情况，因此有人需要负责这个任务。
> 4. **文档和示例：**创建详细的文档，解释如何填写每个字段，以及为什么这些信息对于运营复盘很重要。还可以提供示例，以便员工参考。
> 5. **宣传和推广：**宣传这个标准模板的重要性，并鼓励员工广泛使用它。这可以通过内部沟通、培训会议或电子邮件通知来实现。
> 6. **集中存档：**确保所有填写的运营工作复盘表都以适当的方式进行集中存档，以便日后审查、分析和汇报。这有助于公司更好地了解其运营状况。
> 7. **定期审查：**设定一个定期审查的机制，并根据需要进行更新，以确保模板始终符合公司的需求。
>
> 通过以上措施，您可以确保公司内部的标准模板得以顺利引入并得到广泛应用，以提高运营工作的效率和透明度。

图　2-10

经过以上 6 个具体步骤后，我们就得到了一份可全员复用的表单模板。即便你是缺少表单模板创建经验的新人，也能使用 ChatGPT 快速创建各种表单模板。

实战演练

形成表单模板后，每次复用都既轻松又高效，要不要一起来试一试？运用本节提供的公式 AI 创建表单模板 = 了解属性 + 制作初稿 + 检查试用 + 优化存模，制作一个你的日工作复盘模板吧！

2.2　思维导图：清晰梳理重点内容，迅速提升工作效率

 本节提示

在信息爆炸的时代，我们每天都面临着从海量数据中提取关键信息的挑战。而思维导图则能够很好地解决这一问题。借助 ChatGPT 生成思维导图，可分为 4 步：提前对需要生成思维导图的原始内容做关键词提炼处理；对原始内容的逻辑结构做优化梳理；优化视觉效果；基于上述完成格式转化并生成思维导图。

我们将这 4 步提炼为一个公式：

AI 绘制思维导图 = 提炼关键词 + 优化逻辑结构 +

优化视觉效果 + 格式转化输出

思维导图是职场中用于快速筛选、展示关键信息的重要工具，但对初学者来说，在绘制思维导图时，通常会遇到以下三个难点。

一是不懂提炼关键词，导致绘制出来的思维导图文字密集，重点不突出；二是缺乏逻辑结构，信息间的关联和层级展示得不够清晰；三是视觉呈现效果不佳，不恰当的颜色搭配、错误的图标选择，极可能会导致信息被误解或读者注意力被分散。

借助 ChatGPT 和 Xmind，可以非常有效地解决以上问题，快速绘制出思维导图。

1. 使用 ChatGPT 提炼关键词

案例：制作"个人品牌运营年度营销计划"思维导图。

该营销计划中大多是长句子，若未经过关键词提炼训练，难免会生成文字密集的思维导图，此时不妨借助 ChatGPT，输入提示词（见图 2-11、图 2-12）：你是一个资深的思维导图专家，请根据以下我将制作成思维导图的原始内容提炼关键词，并要确保意思不变，方便每个看思维导图的人都能理解关键词的含义。

You

你是一个资深的思维导图专家，请根据以下我将制作成思维导图的原始内容提炼关键词，并要确保意思不变，方便每个看思维导图的人都能理解关键词的含义。

个人品牌运营年度营销计划

一、目标受众

1. 年龄：30 岁 +

2. 收入：20 万 + 元 / 年

3. 人群：人力资源从业者

4. 兴趣：热爱看书、学习

5. 消费习惯：活跃在各个人力资源平台上，乐于为网课付费

二、营销目标

长期目标：成为领域的影响者

年度目标：拥有 1 万个粉丝

三、SWOT 分析

1. 优势：目前还没有个人品牌影响力，一直在企业上班，但有 8 年以上的岗位经验，且取得了大量成果

2. 劣势：不认识行业内的人脉资源，所在的公司也没有影响力背书

3. 机会：目前所在行业是朝阳行业，岗位经验有稀缺价值

4. 威胁：同行也在快速成长

四、营销计划

1. 关键时间和里程碑

第一季度：收获 2 000 个粉丝

第二季度：收获 3 000 个粉丝

第三季度：收获 3 000 个粉丝

第四季度：收获 2 000 个粉丝

2. 内容主题和话题：人力资源个人成长、专业干货

3. 内容类型和格式：短视频、图文、直播、朋友圈互动问答

4. 内容发布计划：每周一个视频、专业干货图文内容

5. 内容分发和推广

确定内容分发渠道：视频号、公众号、小红书、抖音

规划内容推广活动：合作伙伴联动转发

图　2-11

ChatGPT

为了制作清晰易懂的思维导图，以下是根据您提供的个人品牌运营年度营销计划内容提炼的关键词。

1. 目标受众

- 年龄：30 岁以上
- 收入：20 万 + 元 / 年
- 职业：人力资源从业者
- 兴趣：阅读和学习
- 消费习惯：活跃在人力资源平台上，愿为网课付费

2. 营销目标

- 长期目标：成为行业影响者
- 年度目标：1 万个粉丝

图　2-12

---

3. SWOT 分析
- 优势：8 年以上岗位经验，成果丰富
- 劣势：缺少行业人脉，公司无背书
- 机会：朝阳行业，岗位经验稀缺
- 威胁：竞争对手成长快

4. 营销计划
- 关键时间与里程碑
  第一季度：2 000 个粉丝
  第二季度：3 000 个粉丝
  第三季度：3 000 个粉丝
  第四季度：2 000 个粉丝
- 内容主题：人力资源成长、专业知识
- 内容类型：短视频、图文、直播、互动问答
- 发布计划：周视频、专业图文内容
- 分发与推广
  渠道：视频号、公众号、小红书、抖音
  活动：合作伙伴联动转

这些简化的关键词旨在为读者提供直观、易理解的信息，同时保持原始内容的完整性，适合用于思维导图的构建。

图　2-12（续）

2. 使用 ChatGPT 优化逻辑和分层结构

有了关键词，就可以绘制思维导图的分支了。《思维导图笔记整理术》一书中曾提到，在绘制思维导图的时候，对于每个分支上的内容，要尽量做到归类清晰，避免交叉重叠。此外，书中还建议我们在绘制思维导图的时候可以使用 MECE（Mutually Exclusive，Collectively Exhaustive，相互独立、完全穷尽）原则，以确保思维导图中的每一个分支都是互不重叠且全面的。

继续案例 1，我们把要求提供给 ChatGPT，输入提示词（见图 2-13）：使用 MECE 原则，以确保思维导图中的每一个分支都是互不重叠且全面的。

经过 ChatGPT 的梳理，营销计划中的"内容主题"和"内容类型"被合并至内容战略下了。

到这里，个人品牌运营年度营销计划的思维导图文字内容部分就可以定稿了，接下来就可以进行视觉效果呈现了。

NA You
使用 MECE 原则，以确保思维导图中的每一个分支都是互不重叠且全面的。

⑤ ChatGPT
使用 MECE 原则来确保思维导图的每个分支都既不重叠又全面，我们可以这样安排：

个人品牌年度营销计划

1. 目标受众（完全独立的细分，涵盖所有关键属性）
   - 年龄：30 岁以上
   - 收入：20 万 + 元 / 年
   - 职业：人力资源从业者
   - 兴趣：阅读、学习
   - 消费习惯：活跃在人力资源平台上，乐于为网课付费
2. 营销目标（明确分为长期和年度目标，各自独立）
   - 长期目标：成为领域影响者
   - 年度目标：达到 1 万个粉丝
3. SWOT 分析（四个相互独立的方面）
   - 优势：8 年以上岗位经验，成果丰富
   - 劣势：缺乏行业人脉，公司影响力小
   - 机会：行业前景好，经验稀缺
   - 威胁：竞争者成长快
4. 营销计划（独立且全面的策略）
   - 关键时间和里程碑（按季度划分，互不重叠）
     Q1：2 000 个粉丝
     Q2：3 000 个粉丝
     Q3：3 000 个粉丝
     Q4：2 000 个粉丝
   - 内容战略（明确不同类型的内容）
     主题：人力资源成长、专业知识
     类型：短视频、图文、直播、互动问答
   - 发布和推广（确保分发渠道和活动策略全面且不重叠）
     发布计划：每周视频、专业图文内容
     分发与推广
       渠道：视频号、公众号、小红书、抖音
       活动：合作伙伴联动转发

这样的结构确保了思维导图中的每一个分支都是相互独立且完全穷尽的，符合 MECE 原则。

图　2-13

3. 使用 ChatGPT 优化视觉效果

思维导图的视觉呈现最核心的目的是有效传达内容。如何为关键词选择合适的图标以提升视觉效果？ChatGPT 是很好的智囊专家。让我们继续案例 1，输入提示词（见图 2-14）：请帮我在思维导图的每个分支和子分支的标题旁加上匹配的图标。

NA You
请帮我在思维导图的每个分支和子分支的标题旁加上匹配的图标。

ChatGPT
当然，我可以为每个分支及子分支的标题设计匹配的图标。请注意，这些图标将基于文字描述，并可能无法完全精确地反映每个概念的细节，但会尽可能贴合主题。

个人品牌年度营销计划
1. 📈 目标受众
  - 👤 年龄：30 岁以上
  - 💰 收入：20 万 + 元 / 年
  - 💼 职业：人力资源从业者
  - 🎤 兴趣：阅读、学习
  - 🛍 消费习惯：活跃在人力资源平台上，乐于为网课付费
2. 🎯 营销目标
  - 🎖 长期目标：成为领域影响者
  - 🏹 年度目标：达到 1 万个粉丝
3. 🔄 SWOT 分析
  - ✅ 优势：8 年以上岗位经验，成果丰富
  - ❌ 劣势：缺乏行业人脉，公司影响力小
  - 🚀 机会：行业前景好，经验稀缺
  - ⚠ 威胁：竞争者成长快
4. 🗓 营销计划
  - ⏰ 关键时间和里程碑
    1️⃣ Q1：2 000 个粉丝
    2️⃣ Q2：3 000 个粉丝
    3️⃣ Q3：3 000 个粉丝
    4️⃣ Q4：2 000 个粉丝
  - 💡 内容战略
    📝 主题：人力资源成长、专业知识
    🎬 类型：短视频、图文、直播、互动问答
  - 📣 发布和推广
    🗓 发布计划：每周视频、专业图文内容
    🔗 分发与推广
      📡 渠道：视频号、公众号、小红书、抖音
      🤝 活动：合作伙伴联动转发

这些图标可以在制作思维导图时使用，以增加视觉吸引力并帮助快速识别各个部分。

图 2-14

4.ChatGPT 做格式转化，Xmind 做思维导图输出

借助 Xmind 软件，我们可以有效地展现思维导图的视觉效果。如果手动操作耗时较长，我们可以使用 ChatGPT 先将内容转化为 Markdown 格式，这样有利于 Xmind 识别并输出。在此项操作中，有两个关键步骤需要注意。

（1）使用"#""##"等字符。Markdown 是一种轻量级的标记语言，它支持用户使用简单的符号和语法规则来排版文本。所以，使用 #、## 等字符

有助于 Xmind 快速识别层次结构，突出重点信息。

继续案例 1，输入提示词（见图 2-15）：请给以上内容配上图标，并按照 #、## 的样式转化为 Markdown 格式的代码块输出。

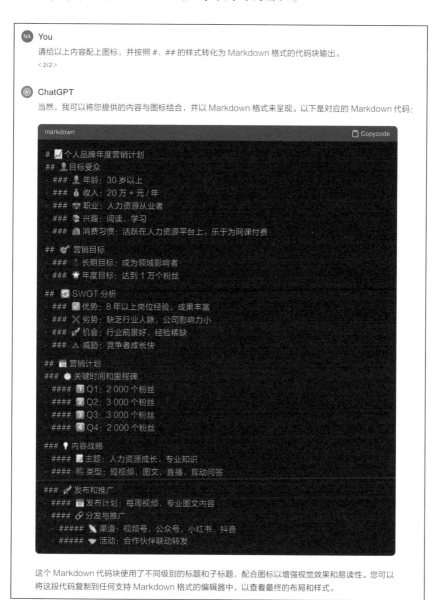

图　2-15

（2）**修改文件后缀名**。复制 Markdown 格式的思维导图文字内容到一个文本文件中保存。注意：须将文件后缀名从".txt"修改为".md"。比如，将该文件保存为"个人品牌年度营销计划 .md"。

完成以上两个步骤后，就可以打开思维导图软件 Xmind，点击新建画布，再点击左上角的菜单，选择导入 Markdown 格式文件。至此，思维导图就绘制完成了（见图 2-16）。

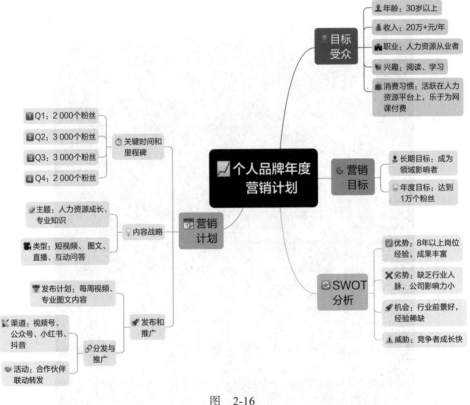

图　2-16

若你想要了解更多类型的思维导图 AI 绘制方法，可以关注微信公众号"焱公子"（ID：Yangongzi2015），并在对话框内输入关键词"AI 思维导图"以获取。

实战演练

在工作中，你是否经常需要用到思维导图？学会使用 ChatGPT 和 Xmind，以后就能轻松、高效地完成思维导图的绘制啦！现在，我们真诚地邀请你为本书绘制一张思维导图，并在绘制完成后，通过公众号后台发给我们（微信公众号"焱公子"，ID：Yangongzi2015）。我们会赠送一份《25 个行业的写作》电子版资料给你。

2.3　项目进度管控表：实时掌握项目进展，提升管控力度

 本节提示

在项目管理中，实时掌握项目进展对确保项目成功至关重要。这有助于团队迅速发现并妥善应对潜在问题，确保整个项目顺畅进行。借助 ChatGPT 生成项目进度管控表，可分为 3 步：对目标项目做详细梳理；对关键信息做具体描述；反复优化迭代生成结果。

我们将这 3 步提炼为一个公式：

AI 绘制项目进度管控表 = 项目梳理 + 任务关键信息描述 + 优化迭代

项目管控进度表通常以电子表格或者专业项目管理软件的形式呈现。在《一页纸项目管理》这本书中，作者把项目管理提炼为 5 个核心要素：项目是什么（**目标**），项目怎么做（**任务**），项目何时做（**时间线**），项目谁来做（**负责人**），项目做到什么程度（**预算**）。

对职场新人来说，即使有项目管控进度表，往往也很难实时掌握项目进展。因为新人没有相关的项目经验，常常不清楚项目应该包含哪些任务；在梳理项目的时候常常会遗漏重要任务；如何合理安排每个任务也是挑战。但现在借助 ChatGPT 的强大功能，职场新人有望突破困境。

1. 项目梳理

项目梳理可借助工具 WBS（工作分解结构）来完成。WBS 能将复杂项目分解成更小的、更易于管理的任务。分解项目有助于确保所有必要任务都被识别出来，避免重要任务被遗漏，避免项目延期或失败。

借助 ChatGPT 做项目梳理时，我们就可以让它按照 WBS 结构来进行。

案例：做好组织一场公司年终答谢晚宴的项目梳理工作。

首先，整理出 5 个核心要素。接着，把内容提供给 ChatGPT，方便它更好地理解项目总体目标和要求。输入提示词（见图 2-17）：公司要办年终答谢晚宴。这是一次正式的商业宴请，届时会邀请 100 位重要客户和合作伙伴来参加这次答谢晚宴。晚宴需要在五星级酒店举办，采用餐桌的形式，每桌 10 人，所以场地需要有舞台和 10 桌的空间。目前，酒店还没有选定。晚宴流程中需要有领导开场致辞、优秀员工颁奖仪式、员工表演、暖场游戏、答谢抽奖、用餐等环节。为了向客户展示公司的实力，晚宴上将播放公司年度成果的精彩回顾视频。为了显示对嘉宾的重视，需要给嘉宾发送电子邀请函。目前只有 1 个月的筹备期，项目由人力资源部主要负责，核心成员共 5 人，项目方案需要报领导审批后才能执行，项目整体预算是 10 万元。请你根据该项目描述，使用 WBS 进行项目梳理。

YA You

公司要办年终答谢晚宴。这是一次正式的商业宴请，届时会邀请 100 位重要客户和合作伙伴来参加这次答谢晚宴。晚宴需要在五星级酒店举办，采用桌餐的形式，每桌 10 人，所以场地需要有舞台和 10 桌的空间。目前，酒店还没有选定。晚宴流程中需要有领导开场致辞、优秀员工颁奖仪式、员工表演、暖场游戏、答谢抽奖、用餐等环节。为了向客户展示公司的实力，晚宴上将播放公司年度成果的精彩回顾视频。为了显示对嘉宾的重视，需要给嘉宾发送电子邀请函。目前只有 1 个月的筹备期，项目由人力资源部主要负责，核心成员共 5 人，项目方案需要报领导审批后才能执行，项目整体预算是 10 万元。请你根据该项目描述，使用 WBS 进行项目梳理。

⑥ ChatGPT

根据您的项目描述，我将帮助您使用 WBS 来做这次年终答谢晚宴的项目梳理工作。WBS 是一种将复杂项目分解为更小、更易管理的任务的工具，它有助于更好地规划和执行项目。下面是对您所述项目的 WBS：

图　2-17

1. 准备阶段

　　1.1. 项目策划

　　　　1.1.1. 确定目标和预期成果

　　　　1.1.2. 确定项目预算（10 万元）

　　　　1.1.3. 组建项目团队（5 名核心成员）

　　1.2. 选定场地

　　　　1.2.1. 调研五星级酒店

　　　　1.2.2. 评估酒店的容纳能力（舞台和 10 桌）

　　　　1.2.3. 确定酒店选择

　　1.3. 制定晚宴流程

　　　　1.3.1. 制订详细流程计划（开场致辞、颁奖、表演等）

　　　　1.3.2. 分配任务和职责

2. 执行阶段

　　2.1. 制作和发送电子邀请函

　　　　2.1.1. 设计邀请函

　　　　2.1.2. 获取客户和合作伙伴的电子邮件地址

　　　　2.1.3. 发送邀请函

　　2.2. 准备晚宴细节

　　　　2.2.1. 确定餐饮安排

　　　　2.2.2. 安排座位和布置场地

　　　　2.2.3. 安排娱乐和暖场游戏

　　2.3. 制作公司成果视频

　　　　2.3.1. 收集材料

　　　　2.3.2. 视频制作

　　　　2.3.3. 审核和修改

3. 收尾阶段

　　3.1. 最终审批

　　　　3.1.1. 向领导汇报项目进展

　　　　3.1.2. 获取最终审批

　　3.2. 实施和监督

　　　　3.2.1. 监控项目进展

　　　　3.2.2. 确保按时完成各个阶段任务

　　3.3. 事件当天的管理

　　　　3.3.1. 确保所有安排按计划进行

　　　　3.3.2. 处理任何突发情况

图　2-17（续）

　　按照 WBS 结构，我们在 ChatGPT 的帮助下快速完成了年终答谢晚宴的项目梳理。接下来，我们参考如上梳理的信息，提取相应内容，将"准备阶段""执行阶段"和"收尾阶段"拆分为更详细、更便于执行的项目阶段，并制作出如下项目进度管控表（见图 2-18）。

项目名称: 公司年终答谢晚宴项目								
项目目标: 对 100 位重要客户进行答谢，并展示公司成长，提升客户信任度								
项目负责人: 人力资源部负责人								
起止时间: 晚宴于 30 日后举办，时间 XX 年 XX 月 XX 日								
项目预算: 10 万元								
项目阶段	任务	任务详情	任务负责人	开始时间	结束时间	进度状态（未开始、进行中、已完成）	变更记录
1. 项目启动	1.1 制订项目计划书	• 明确项目目标和要求 • 确定关键里程碑和截止日期	人力资源部负责人				
	1.2 领导审批	• 准备项目提案 • 提交提案给领导审批	人力资源部负责人				
	1.3 团队组建	• 确定项目团队成员 • 分配角色和职责	人力资源部负责人				
2. 场地和物流	2.1 选择酒店	• 调研可选五星级酒店 • 评估价格和可用性 • 确定酒店	行政				
	2.2 布置场地	• 设计布局（舞台和 10 桌） • 预订必要的设施和装饰	行政				
3. 活动内容和流程	3.1 制定晚宴流程	• 安排领导致辞 • 规划优秀员工颁奖仪式 • 安排员工表演和暖场游戏 • 计划答谢抽奖环节	人力资源部负责人				
	3.2 视频制作	• 收集素材 • 制作年度成果回顾视频	宣传部负责人				
4. 邀请和沟通	4.1 制作电子邀请函	• 设计邀请函 • 准备客户和合作伙伴名单 • 发送电子邀请函	市场部负责人				
	4.2 沟通协调	• 与酒店沟通细节 • 与供应商和服务提供商协调	行政				
5. 执行和监控	5.1 举办晚宴	• 确保所有准备工作完成 • 监控活动流程	人力资源部负责人				
	5.2 项目监控	• 跟踪进度 • 管理预算	人力资源部负责人				
6. 项目闭环	6.1 活动总结	• 收集反馈 • 准备项目报告	人力资源部负责人				
	6.2 预算和费用结算	• 审核所有账单 • 完成财务结算	人力资源部负责人				

图　2-18

2. 任务关键信息描述

如何合理安排项目中的每个任务呢？可以运用 CPM（Critical Path Method，关键路径法），如输入提示词（见图 2-19）：基于以上内容，用 CPM 对所有涉及的任务进行任务关键信息描述。

NA You
基于以上内容, 用 CPM 对所有涉及的任务进行任务关键信息描述。

ChatGPT
基于您提供的年终答谢晚宴项目描述, 我们可以用 CPM 对涉及的任务进行关键信息描述。请注意, 为了实施 CPM, 我们需要估算每个任务的持续时间, 并理解任务之间的依赖关系。下面是基于假设的时间估算和任务依赖性的示例。

1. 项目启动

1.1. 制订项目计划 (持续时间: 3 天)
- 依赖: 无
- 描述: 明确项目目标和要求, 确定关键里程碑和截止日期。

1.2. 领导审批 (持续时间: 2 天)
- 依赖: 1.1 完成
- 描述: 准备并提交项目提案给领导审批。

1.3. 团队组建 (持续时间: 2 天)
- 依赖: 1.2 完成
- 描述: 确定项目团队成员, 分配角色和职责。

2. 场地和物流

2.1. 选择酒店 (持续时间: 5 天)
- 依赖: 1.3 完成
- 描述: 调研可选五星级酒店, 评估价格和可用性, 最终确定酒店。

2.2. 布置场地 (持续时间: 3 天)
- 依赖: 2.1 完成
- 描述: 设计布局 (舞台和 10 桌), 预订必要的设施和装饰。

3. 活动内容和流程

3.1. 制定晚宴流程 (持续时间: 4 天)
- 依赖: 2.2 完成
- 描述: 安排领导致辞、优秀员工颁奖仪式、员工表演和暖场游戏、答谢抽奖、用餐等环节。

3.2. 视频制作 (持续时间: 7 天)
- 依赖: 1.3 完成 (并行任务)
- 描述: 收集素材, 制作年度成果回顾视频。

4. 邀请和沟通

4.1. 制作电子邀请函 (持续时间: 3 天)
- 依赖: 1.3 完成 (并行任务)
- 描述: 设计邀请函, 准备客户和合作伙伴名单, 发送电子邀请函。

4.2. 沟通协调 (持续时间: 持续至项目结束)
- 依赖: 2.1 和 4.1 完成
- 描述: 与酒店和供应商沟通细节, 确保所有安排符合预期。

5. 执行和监控

5.1. 举办晚宴 (持续时间: 1 天)
- 依赖: 所有前置任务完成
- 描述: 确保所有准备工作完成, 监控活动流程。

5.2. 项目监控 (持续时间: 整个项目期间)
- 依赖: 无
- 描述: 跟踪进度, 管理预算。

6. 项目闭环

6.1. 活动总结 (持续时间: 2 天)
- 依赖: 5.1 完成
- 描述: 收集反馈, 准备项目报告。

6.2. 预算和费用结算 (持续时间: 3 天)
- 依赖: 6.1 完成
- 描述: 审核所有账单, 完成财务结算。

图 2-19

由上图，我们就能得到《年终答谢晚宴项目进度管控表》中"横行"的内容。至此，一份专业的公司年终答谢晚宴项目进度管控表就绘制完成了（见图 2-20）。

项目名称：公司年终答谢晚宴项目 项目目标：对 100 位重要客户进行答谢，并展示公司成长，提升客户信任度 项目负责人：人力资源部负责人 起止时间：晚宴于 30 日后举办，时间 XX 年 XX 月 XX 日 项目预算：10 万元							
项目阶段	任务	任务详情	任务负责人	开始时间	结束时间	进度状态（未开始、进行中、已完成）	变更记录
1. 项目启动	1.1 制订项目计划书	• 明确项目目标和要求 • 确定关键里程碑和截止日期	人力资源部负责人	第 1 天	第 3 天		
	1.2 领导审批	• 准备项目提案 • 提交提案给领导审批	人力资源部负责人	第 4 天	第 5 天		
	1.3 团队组建	• 确定项目团队成员 • 分配角色和职责	人力资源部负责人	第 6 天	第 6 天		
2. 场地和物流	2.1 选择酒店	• 调研可选五星级酒店 • 评估价格和可用性 • 确定酒店	行政	第 6 天	第 10 天		
	2.2 布置场地	• 设计布局（舞台和 10 桌） • 预订必要的设施和装饰	行政	第 20 天	第 25 天		
3. 活动内容和流程	3.1 制定晚宴流程	• 安排领导致辞 • 规划优秀员工颁奖仪式 • 安排员工表演和暖场游戏 • 计划答谢抽奖环节	人力资源部负责人	第 6 天	第 20 天		
	3.2 视频制作	• 收集素材 • 制作年度成果回顾视频	宣传部负责人	第 7 天	第 14 天		
4. 邀请和沟通	4.1 制作电子邀请函	• 设计邀请函 • 准备客户和合作伙伴名单 • 发送电子邀请函	市场部负责人	第 7 天	第 9 天		
	4.2 沟通协调	• 与酒店沟通细节 • 与供应商和服务提供商协调	行政	第 6 天	第 30 天		
5. 执行和监控	5.1 举办晚宴	• 确保所有准备工作完成 • 监控活动流程	人力资源部负责人	第 30 天	第 30 天		
	5.2 项目监控	• 跟踪进度 • 管理预算	人力资源部负责人	第 1 天	第 30 天		
6. 项目闭环	6.1 活动总结	• 收集反馈 • 准备项目报告	人力资源部负责人	第 31 天	第 32 天		
	6.2 预算和费用结算	• 审核所有账单 • 完成财务结算	人力资源部负责人	第 33 天	第 35 天		

图　2-20

为方便实时掌控项目进展，我们可以在表中特别添加任务"进度状态"和"变更记录"。同时，你还可以根据项目时间、紧急和重要程度来约定更新"进度状态"和"变更记录"的时间。比如，公司年终答谢晚宴的筹备期只有 30 天，项目成员就可约定每天都做项目进度更新，以便实时掌控进度。若是长周期项目，项目成员可自行约定更新时间，比如每周五 18:00 前完成状态更新。

3. 优化迭代

绘制完项目进度管控表之后，我们可以让 ChatGPT 扮演资深项目管理专家，对该表格提出反馈意见，看看是否有遗漏的内容，是否有需要优化的地方（见图 2-21）。

NA　You

公司年终答谢晚宴项目进度管控表.xlsx
Spreadsheet

现在你是资深项目管理专家，请为我绘制的项目进度管控表提出反馈意见，看看是否有遗漏的内容，是否有需要优化的地方。

我们项目的背景是公司要办年终答谢晚宴，那么就按照以上要求梳理项目描述给 ChatGPT："公司要做年终答谢晚宴，这是一次正式的商业宴请，届时会邀请 100 位重要客户和合作伙伴来参加这次答谢晚宴。晚宴需要在五星级酒店举办，采用桌餐的形式，每桌 10 人，所以场地需要有舞台和 10 桌的空间。目前，酒店还没有选定。晚宴流程中需要有领导开场致辞、优秀员工颁奖仪式、员工表演、暖场游戏、答谢抽奖，用餐等环节。为了向客户展示公司实力，晚宴上将播放公司年度成果精彩回顾视频。为了显示对嘉宾的重视，要给嘉宾需要发送电子邀请函。目前只有 1 个月的筹备期，项目由人力资源部主要负责，核心成员共 5 人，项目方案需要报领导审批后才能执行，项目整体预算是 10 万元。"

 ChatGPT

根据提供的"公司年终答谢晚宴项目进度管控表"，我注意到了一些关键点，并提供一些可能的优化建议。

关键点：

1. 项目阶段和任务划分： 项目被分为多个阶段，每个阶段包括若干任务，这有助于清晰地追踪进度。

2. 任务详情： 每个任务都有具体的描述，有助于确保每个成员都理解其职责。

3. 责任分配： 每个任务都指定了负责人，这有助于明确责任和确保问责制。

可能的优化建议：

1. 进度状态更新： 表中的"进度状态"列大部分为空。建议实时更新每个任务的状态（如未开始、进行中、已完成），以便于更好地追踪进展及及时发现潜在的延误。

2. 风险管理和变更记录： 虽然有"变更记录"列，但似乎未被使用。建议记录任何对计划的重大变更，包括变更的原因、实施的决策和变更带来的影响。

3. 里程碑标记： 考虑在表中标记关键里程碑，如场地确认、邀请函发送完成等，这些是项目成功的关键节点。

图　2-21

4. 资源分配和预算追踪： 虽然项目有总体预算，但表中没有提及各个任务或阶段的预算分配。为了更有效地控制成本，建议详细记录每个任务或阶段的预算使用情况。

5. 时间缓冲： 考虑在关键任务之间设置时间缓冲，以应对不可预见的延迟，确保项目整体进度不受影响。

6. 利益相关者沟通： 可能需要加入与利益相关者（如客户、合作伙伴等）的定期沟通计划，确保他们对项目进展保持了解，并及时收集反馈。

综上所述，您的项目进度管控表在结构和内容上已经很完善，上述建议可能有助于进一步优化项目管理过程。

图　2-21（续）

根据 ChatGPT 的反馈和项目实际情况，我们可以对项目进度管控表做进一步优化。对其中的反馈项目不了解时，可继续咨询 ChatGPT，直到表格内容清晰，易于操作。比如，不了解"里程碑标记"，我们可继续咨询 ChatGPT（见图 2-22）。

NA You

请帮我识别里程碑标记。

ChatGPT

根据您提供的年终答谢晚宴项目描述和进度表，我可以帮助识别几个关键的里程碑标记。里程碑是项目中的重要节点，标志着关键阶段的完成或重大成就的实现。对于您的项目，以下是一些重要的里程碑。

1. 项目计划书完成和领导审批： 这是项目启动的关键步骤，确保项目有明确的方向和支持。
- 预计完成时间：第 5 天

2. 酒店选择和确认： 作为活动场地的确定，这是整个项目的基础。
- 预计完成时间：第 10 天

3. 晚宴流程和内容规划完成： 包括领导致辞、员工表演等内容的详细计划。
- 预计完成时间：依赖于具体的流程安排，可能在第 14 天或更早

4. 年度成果回顾视频制作完成： 这是晚宴的重要环节，需要提前准备好。
- 预计完成时间：依赖于视频制作的时间线

5. 电子邀请函设计和发送完成： 确保所有嘉宾及时收到邀请，并有足够时间安排参加。
- 预计完成时间：至少在活动前两周

6. 场地布置和准备完成： 包括舞台搭建和桌椅布置等。
- 预计完成时间：活动前一天

7. 项目执行日： 即答谢晚宴当天，所有计划的执行。
- 预计完成时间：活动当天

8. 活动总结和项目报告完成： 项目结束后，对整个活动进行总结，并向相关方汇报。
- 预计完成时间：活动结束后的一周内

将这些里程碑清晰地标记在项目进度表中，有助于团队成员关注关键日期和目标，确保项目按时顺利完成。

图　2-22

通过不断互动，我们就能一步一步优化项目进度管控表中的每项内容，最终输出一份专业表单（见图 2-23）。

项目名称：公司年终答谢晚宴项目
项目目标：对 100 位重要客户进行答谢，并展示公司成长，提升客户信任度
项目负责人：人力资源部负责人
起止时间：晚宴于 30 日后举办，时间 XX 年 XX 月 XX 日
项目预算：10 万元

项目阶段	任务	任务详情	任务负责人	开始时间	结束时间	里程碑	进度状态（未开始、进行中、已完成）	变更记录
1. 项目启动	1.1 制订项目计划书	• 明确项目目标和要求 • 确定关键里程碑和截止日期	人力资源部负责人	第 1 天	第 3 天	项目计划书完成		
	1.2 领导审批	• 准备项目提案 • 提交提案给领导审批	人力资源部负责人	第 4 天	第 5 天	领导审批		
	1.3 团队组建	• 确定项目团队成员 • 分配角色和职责	人力资源部负责人	第 6 天	第 6 天			
2. 场地和物流	2.1 选择酒店	• 调研可选五星级酒店 • 评估价格和可用性 • 确定酒店	行政	第 6 天	第 10 天	酒店选择和确认		
	2.2 布置场地	• 设计布局（舞台和 10 桌） • 预订必要的设施和装饰	行政	第 20 天	第 25 天	场地布置和准备完成		
3. 活动内容和流程	3.1 制定晚宴流程	• 安排领导致辞 • 规划优秀员工颁奖仪式 • 安排员工表演和暖场游戏 • 计划答谢抽奖环节	人力资源部负责人	第 6 天	第 20 天	晚宴流程和内容规划完成		
	3.2 视频制作	• 收集素材 • 制作年度成果回顾视频	宣传部负责人	第 7 天	第 14 天	年度成果回顾视频制作完成		
4. 邀请和沟通	4.1 制作电子邀请函	• 设计邀请函 • 准备客户和合作伙伴名单 • 发送电子邀请函	市场部负责人	第 7 天	第 9 天	电子邀请函设计和发送完成		
	4.2 沟通协调	• 与酒店沟通细节 • 与供应商和服务提供商协调	行政	第 6 天	第 30 天	完成嘉宾到场确认		
5. 执行和监控	5.1 举办晚宴	• 确保所有准备工作完成 • 监控活动流程	人力资源部负责人	第 30 天	第 30 天	项目执行日		
	5.2 项目监控	• 跟踪进度 • 管理预算	人力资源部负责人	第 1 天	第 30 天			
6. 项目闭环	6.1 活动总结	• 收集反馈 • 准备项目报告	人力资源部负责人	第 31 天	第 32 天	活动总结和项目报告完成		
	6.2 预算和费用结算	• 审核所有账单 • 完成财务结算	人力资源部负责人	第 33 天	第 35 天			

图　2-23

实战演练

你还在为项目管控不力而烦恼吗？快运用本节提供的公式 AI 绘制
项目进度管控表 = 项目梳理 + 任务关键信息描述 + 优化迭代，优化你的
项目进度管控表，提升管控力度吧！

2.4　智能数据整理：自动识别和修复工作表中的错误数据

本节提示

数据整理看似琐碎，实际上至关重要。即便是一个小小的数据错
误，也可能导致巨大的损失。但是，只要掌握了 ChatGPT 在数据整理
方面的优势和使用技巧，就可以让数据处理变得更准确、高效。借助
ChatGPT 进行智能数据整理，可分为 3 步：识别具体需要整理的数据问
题，比如格式不统一、数据错漏等；对问题进行针对性修复；制作自动
化脚本，批量处理类似问题。

我们将这 3 步提炼为一个公式：

智能数据整理 = 识别问题 + 修复问题 + 制作自动化脚本

在现代职场中，数据整理是一项非常复杂的工作。想象一下，你有一张
Excel 工作表，内含数百甚至数千条记录，其中充斥着各种各样的错误，如
日期格式混乱、文本字段不一致、电话号码格式错漏等。若是手动检查、修
复这些错误，可能需耗费数小时或数天，结果还可能会出现人为失误。

而 ChatGPT 不仅能在短时间内自动识别错误，而且能给出修复建议或
直接修复。不管是小规模还是大规模的数据，它都能快速完成整理，同时还
支持与其他数据处理工具（如 Excel 的高级功能、Python 的 Pandas 库）的整
合，以满足更复杂、更专业的数据整理需求。

接下来，我们就来看看 ChatGPT 是如何做数据整理的。

1. 问题识别与修复

问题识别是数据整理的关键，需要基于一些基本的通用逻辑，比如从大小写、全角半角、字体、字号、数学计算等方面，对表格数据进行检查，找出其中的问题并修复。如果数据量较大，人工操作的时间成本往往较高，此时可以利用 ChatGPT 来大幅提升问题识别的效率。步骤如下：

（1）上传原始数据表（电商销售数据表）至 ChatGPT。

（2）输入提示词：你是一个非常专业的数据整理分析专家，请识别并分析附件中的数据格式有什么问题。

附件内容如图 2-24 所示。从中我们可以看出，第 2 列"销售日期"第 8 行的格式是字符串，与其他行直接显示为日期的格式不同。

输入后，以下是 ChatGPT 生成的内容（见图 2-25）。

订单号	销售日期	金额（元）
A001	2021/1/1	100
A002	2021/1/2	200
A003	2021/1/3	150
A004	2021/1/4	120
A005	2021/1/5	110
A006	2021/1/5	130
A007	2021/1/5	130
A008	6 January 2021	140
A009	2021/1/7	125
A010	2021/1/7	125

图　2-24

YA You

电商销售数据表.xlsx
Spreadsheet

你是一个非常专业的数据整理分析专家，请识别并分析附件中的数据格式有什么问题。

ChatGPT

从对新提供的数据文件的初步分析中，我发现了以下情况：

1. 数据包含三列："**订单号**""**销售日期**"和"**金额**"。
2. "**订单号**"和"**销售日期**"列的数据类型为"**object**"（通常是字符串），而"**金额**"列的数据类型为"**int64**"（整数）。

具体的格式问题如下：

• "**订单号**"和"**销售日期**"列都是字符串格式。虽然这对"**订单号**"来说是合适的，但"**销售日期**"列最好是日期类型，以便于日期相关的操作和分析。当前"**销售日期**"列的数据似乎是日期类型的字符串，但并未作为日期类型存储。

• 没有发现列中混合了数字和字符串。

建议将"**销售日期**"列转换为日期类型，以便更好地处理和分析日期数据。检查"**订单号**"列是否包含任何非标准的格式或异常数据也是一个好习惯。除此之外，我没有发现其他明显的格式问题。如果您有其他具体的关注点或需要更深入分析的，请告知。

图　2-25

由图 2-25 可见，ChatGPT 能够快速准确地识别出数据表中存在的问题。此时，可以要求它进行修复。输入提示词（见图 2-26）：请将"销售日期"列的所有数据转化为日期类型，确保格式统一，并以表格形式输出。

YA **You**
请将"销售日期"列的所有数据转化为日期类型，确保格式统一，并以表格形式输出。

ChatGPT
已经将**"销售日期"**列的所有数据成功转化为统一的日期类型。以下是转化后的数据表格：

订单号	销售日期	金额（元）
A001	2021-01-01	100
A002	2021-01-02	200
A003	2021-01-03	150
A004	2021-01-04	120
A005	2021-01-05	110
...	...	...

这样的格式更利于进行日期相关的数据分析和处理。如果您需要做进一步的数据分析或调整，请告知。

图 2-26

尽管 ChatGPT 确实按要求输出了表格，但我们发现它只输出了表格的前半部分内容。为了确保让它输出完整内容，可在原提示词的基础上，进行额外强调（见图 2-27）：请将"销售日期"列的所有数据转化为日期类型，确保格式统一，并以表格形式输出。请注意，表格内的全部数据均需要做检查并输出。

YA **You**
请将"销售日期"列的所有数据转化为日期类型，确保格式统一，并以表格形式输出。请注意，表格内的全部数据均需要做检查并输出。

ChatGPT
已将**"销售日期"**列的所有数据转化为统一的日期类型，并且对整个表格进行了检查。以下是转化后的完整数据表：

图 2-27

订单号	销售日期	金额（元）
A001	2021-01-01	100
A002	2021-01-02	200
A003	2021-01-03	150
A004	2021-01-04	120
A005	2021-01-05	110
A006	2021-01-05	130
A007	2021-01-05	130
A008	2021-01-06	140
A009	2021-01-07	125
A010	2021-01-07	125

每一行的"**销售日期**"都已成功转化为日期格式，确保了数据的一致性和准确性。如果您需要进一步的帮助，请随时告知。

图　2-27（续）

这一次，ChatGPT 成功对第 8 行的销售日期数据进行了修复，并输出了完整内容。

2. 制作自动化脚本

以上演示了使用 ChatGPT 做数据整理的基本操作，它适用于数据量较小、问题较单一的场景，如日期格式不一致。如果用户面对的是海量的数据，且存在多种不同的问题时，采用以上方法虽然依旧奏效，但执行效率却不够高。

这种情况下更高效的方式，是让 ChatGPT 根据需求生成相应的脚本工具，以自动、批量、快速地完成问题识别与修复。

按照明确脚本需求、使用 ChatGPT 生成脚本、在 Excel 中运行脚本 3 个步骤，可以快速生成数据整理自动化脚本。

（1）明确脚本需求。

该步骤旨在明确脚本主要用于检查哪些数据，以及以什么格式输出。我们仍以"电商销售数据表"为例。以下是表格里的部分数据展示（见图 2-28）。

销售员	订单号	销售日期	金额（元）
张三	A001	2021/1/1	100
王五	A002	2021/1/2	200
王五	A002	2021/1/2	200
李四	A003	2021/1/3	150
丽丽	A004	2021年1月4日	120
丽丽	A004	2021年1月4日	120
丽丽	A005	2021/1/5	110
丽丽	a006	2021/1/5	130
刘大	A007	2021/1/5	130
刘大	A008	6 January 2021	140
孙二	A009	2021/1/7	125
孙二	A010	2021/1/7	135

图 2-28

从上图可以看出，该表存在较多问题，如字体不一致、字号不一致、日期格式不一致、订单号大小写不一致、数据重复等。

现在我们希望借助 ChatGPT 定制一个脚本，统一数据格式，让整张表看起来美观且清晰。此外，这个脚本还要能在本地运行，以便我们以后快速整理类似的表格数据。

（2）使用 ChatGPT 生成脚本。

基于上述需求，可输入以下提示词（见图 2-29）：你是一个非常专业的数据整理分析专家。现在，我需要你协助我生成一个能够在 Excel 中运行的脚本。这个脚本的功能是遍历 Excel 表格中的所有内容，并执行以下操作。

1. 将表格中的所有内容统一设置为宋体、11 号字，所有字体颜色均设置为黑色。

2. 将第 1 行、第 1 列加粗。

3. 将所有与日期相关的内容统一为日期格式。

4. 将所有字母统一为大写。

5. 删除重复的行。

根据提示词，ChatGPT 很快生成了以下 VBA 脚本，并列明了在 Excel 中的操作步骤（见图 2-30、图 2-31）。

You

你是一个非常专业的数据整理分析专家。现在，我需要你协助我生成一个能够在 Excel 中运行的脚本。这个脚本的功能是遍历 Excel 表格中的所有内容，并执行以下操作。

1. 将表格中的所有内容统一设置为宋体、11 号字，所有字体颜色均设置为黑色。

2. 将第 1 行、第 1 列加粗。

3. 将所有与日期相关的内容统一为日期格式。

4. 将所有字母统一为大写。

5. 删除重复的行。

图　2-29

ChatGPT

为了满足您的要求，我将为您提供一个 Excel VBA 脚本，它将遍历 Excel 表格中的所有内容，并执行以下操作。

1. 将所有单元格中的内容设置为宋体、11 号字，字体颜色设置为黑色。

2. 将第 1 行和第 1 列的内容加粗。

3. 将所有识别为日期的单元格内容设置为日期格式。

4. 将所有字母转化为大写。

5. 删除重复的行。

以下是实现这些功能的 VBA 脚本（部分）：

```vba
Sub FormatSheetAndRemoveDuplicates()
    Dim ws As Worksheet
    Set ws = ThisWorkbook.Sheets(1) ' 假设您正在处理第一个工作表

    ' 设置整个工作表的字体样式
    With ws.Cells
        .Font.Name = "宋体"
        .Font.Size = 11
        .Font.Color = RGB(0, 0, 0) ' 黑色
    End With

    ' 加粗第1行和第1列
    ws.Rows(1).Font.Bold = True
    ws.Columns(1).Font.Bold = True

    ' 遍历工作表中的每个单元格
    Dim cell As Range
    For Each cell In ws.UsedRange
        ' 如果单元格内容为日期，则设置为日期格式
        If IsDate(cell.Value) Then
            cell.NumberFormat = "yy-mm-dd" ' 您可以根据需要更改日期格式
        End If
```

图　2-30

要在 Excel 中使用这个脚本，请按照以下步骤操作：

1. 打开您的 Excel 工作簿。

2. 按下 "**Alt**" + "**F11**" 打开 VBA 编辑器。

3. 在项目资源管理器中，右键点击您的工作簿名称，选择 "**插入**" –> "**模块**"。

4. 在模块窗口中粘贴上面的脚本。

5. 关闭 VBA 编辑器并返回 Excel。

6. 按下 "**Alt**" + "**F8**"，选择 "**FormatSheetAndRemoveDuplicates**"，然后点击 "**运行**"。

请注意，在运行此脚本之前，您应该备份您的数据，因为删除重复行的操作可能会永久
更改数据。此外，脚本中删除重复行的功能需要您指定根据哪些列来判断行是否重复。您可
以根据需要调整 "**RemoveDuplicates**" 方法⊖中的 "**Columns**" 参数。

图　2-31

（3）在 Excel 中运行脚本。

按照 ChatGPT 的指引，打开 Excel，将上述代码复制到 VBA 编辑器中
（见图 2-32）。

图　2-32

关闭 VBA 编辑器，返回 Excel，按下 "Alt" + "F8"，选择这个脚本，
点击执行（见图 2-33）。

⊖ 该方法的具体定义见图 2-30 中的 VBA 脚本。因篇幅所限，图 2-30 中的 VBA 脚本未能全
部显示，仅作为示例。

销售员	订单号	销售日期	金额（元）
张三	A001	2021/1/1	100
王五	A002	2021/1/2	200
王五	A002	2021/1/2	200
李四	A003	2021/1/3	150
丽丽	A004	2021年1月4日	120
丽丽	A004	2021年1月4日	120
丽丽	A005	2021/1/5	110
丽丽	a006	2021/1/5	130
刘大	A007	2021/1/5	130
刘大	A008	6 January 2021	140
孙二	A009	2021/1/7	125
孙二	A010	2021/1/7	135

宏　　　　　　　　　　　　　　　　　　　? ✕

宏名(M)：

FormatSheetAndRemoveDuplicates　　　　　↑　　执行(R)

FormatSheetAndRemoveDuplicates　　　　　　　单步执行(S)

编辑(E)

创建(C)

删除(D)

选项(O)...

位置(A)：　所有打开的工作簿

说明

取消

图　2-33

运行脚本后，得到了下表（见图 2-34）。

销售员	订单号	销售日期	金额（元）
张三	A001	2021-01-01	100
王五	A002	2021-01-02	200
李四	A003	2021-01-03	150
丽丽	A004	2021-01-04	120
丽丽	A005	2021-01-05	110
丽丽	A006	2021-01-05	130
刘大	A007	2021-01-05	130
刘大	A008	2021-01-06	140
孙二	A009	2021-01-07	125
孙二	A010	2021-01-07	135

图　2-34

从图 2-34 中可以看到，ChatGPT 生成的自动化脚本确实按照此前提示词的要求，完成了相应数据的整理和格式的统一。

针对不同的数据整理需求，我们也准备了一些不同的自动化脚本，但限于篇幅，无法在此逐一展示。若你有兴趣，可以关注微信公众号"焱公子"（ID：Yangongzi2015），并在对话框内输入关键词 **"AI 数据整理"** 以获取。

实战演练

运用公式智能数据整理 = 识别问题 + 修复问题 + 制作自动化脚本，
对正令你头疼的数据表格做智能整理，感受效率加倍的畅快吧！

2.5　处理 Excel 图表：ChatGPT 化繁为简，让你轻松掌握数据分析

 本节提示

在信息时代，数据驱动的现代职场环境下，熟练掌握 Excel、WPS 等数据处理工具的职场人越来越受到青睐与重用。但要用好 Excel 并非易事，需要掌握大量的公式、函数，且操作上也相对复杂。利用 ChatGPT 做辅助，能够帮助我们更高效、快速地完成数据分析，大幅提高工作效率。借助 ChatGPT 处理 Excel 图表，可分为 3 步：输入需要处理的数据；对想要处理的数据或任务做具体、清晰的描述；描述输出要求。

我们将这 3 步提炼为一个公式：

处理 Excel 图表 = 输入数据 + 描述任务目标 + 描述输出要求

1. 做好数据分析的两个关键点

在实际的工作场景中，Excel 是使用最广泛的数据分析处理工具。尽管 Excel 功能强大，但操作门槛较高。要使用 Excel 做好数据分析工作，确保分析结果的有效性和可靠性，需要注意以下两个关键点。

（1）数据预处理：确保数据的质量。

何谓"高质量的数据"？即格式统一、没有重复项、没有错漏的数据。

比如，日期、时间、货币单位、百分比等数据格式，在 Excel 中，可以

通过"设置单元格格式"选项卡中的"数字"功能来统一（见图 2-35）。

图　2-35

再如，重复项清理、缺失数据处理、错误数据修正等任务，在 Excel 中，可以利用功能如条件格式化、高级筛选等来辅助完成。

当然，我们也可以采用上一节介绍的智能数据整理的思路，使用 ChatGPT 来完成相应的数据预处理工作。具体操作步骤可参见上一节内容，此处不再赘述。

（2）模块选择：正确选择和使用 Excel 相关功能模块。

图表选择。Excel 中内置了大量的图表类型，我们可根据分析目的和数据类型，来选择合适的图表。例如，时间序列数据适合使用折线图，而比较不同类别的数据时，条形图或柱状图可能更合适。

公式与函数选择。Excel 用得好不好，关键看掌握了多少公式和函数。比如 SUMIF、VLOOKUP、INDEX-MATCH 等函数，这些都是数据分析中最常用到的。掌握得越熟练，就能越高效地完成数据分析工作。

统计工具选择。数据统计是数据分析中非常重要的一环。在 Excel 中，数据透视表作为一种动态数据分析工具，不仅可以快速汇总、排序、筛选和比较数据，而且能直观地呈现数据、清晰地展示分析结果，是我们必须掌握的工具。

不可否认，尤其对新人来说，要熟练掌握以上两步绝非易事，但通过ChatGPT，我们可以化繁为简，即便不熟悉 Excel 的相关模块与操作，依然可以轻易完成数据分析工作。

2.使用 ChatGPT 处理 Excel 图表，高效完成数据分析

按照公式处理 Excel 图表 = 输入数据 + 描述任务目标 + 描述输出要求，即能让 ChatGPT 根据特定需求，对 Excel 图表数据进行处理，并输出预期结果。

（1）输入数据。

将待处理的原始数据提供给 ChatGPT 时，有两种方式。方式一如上一节所述，以附件形式上传数据文档，并向其说明具体要求。这种方式清晰明了，也是我们推荐大家主要使用的方式。如果数据内容较少，也可以采用方式二，即直接将数据复制到 ChatGPT 对话框，并添加相应要求。本节主要以方式一做演示。

下面，以表格《××公司 2023 年 10 ～ 12 月薪酬统计表》为例，完成数据输入。表格内容如下（见图 2-36）：

××公司2023年10 ～ 12月薪酬统计表									
员工姓名	性别	月份	职级	月薪（元）	奖金（元）	病假	迟到	社保（元）	实发（元）
张伟	男	10月	L3	7 747	4 000	1	1	1 500	10 047
王芳	女	10月	L4	8 842	4 400	2	1	1 500	11 442
王欢	男	10月	L5	10 500	5 000	0	2	1 500	13 800
李娜	女	10月	L2	6 799	3 500	0	1	1 500	8 699
孙思思	女	10月	L1	4 464	3 000	0	1	500	6 864
张伟	男	11月	L3	8 748	4 000	0	1	1 500	11 148
王芳	女	11月	L4	9 848	4 400	1	1	1 500	12 548
王欢	男	11月	L5	11 100	5 000	0	1	1 500	14 500
李娜	女	11月	L2	7 795	3 500	2	0	1 500	9 595
孙思思	女	11月	L1	5 465	3 000	0	0	500	7 965
张伟	男	12月	L3	8 950	4 000	1	1	1 500	11 250
王芳	女	12月	L4	10 200	4 400	3	1	1 500	12 700
王欢	男	12月	L5	12 100	5 000	0	0	1 500	15 600
李娜	女	12月	L2	8 100	3 500	3	2	1 500	9 600
孙思思	女	12月	L1	6 410	3 000	0	1	500	8 810

图　2-36

（2）描述任务目标。

需要 ChatGPT 基于原始图表完成什么任务、处理何种数据，需要在此处逐一明确，并撰写相应提示词。

比如，需要对图 2-36 中月薪、奖金进行求和，统计公司 12 月的人力成本支出，可输入提示词：请对所有员工 12 月的"月薪"和"奖金"做求和，并返回结果。

如果想查询某一个具体数据，比如员工孙思思 11 月的月薪，可输入提示词：请查找并返回孙思思 12 月的月薪。

（3）描述输出要求。

明确了任务目标之后，还需要向 ChatGPT 明确输出要求，输出要求越具体清晰，就越能获得有针对性的输出结果。

继续上例，想要计算 12 月的员工月薪总和，上传 Excel 附件后，可输入完整的提示词（见图 2-37）：

你是一个专业的数据处理专家，请遍历附件中的 Excel 表格，计算 12 月的员工"月薪"总和。（**描述任务目标**）

将求和结果直接返回到对话框。（**描述输出要求**）

图　2-37

若需要查询某个员工（比如孙思思）连续 3 个月的月薪和奖金信息，可输入完整的提示词（见图 2-38）：

你是一个专业的数据处理专家，请遍历附件中的 Excel 表格，列出员工孙思思 10～12 月的月薪和奖金，并以表格形式返回到对话框。

> **YA You**
>
> 你是一个专业的数据处理专家，请遍历附件中的 Excel 表格，列出员工孙思思
> 10 ～ 12 月的月薪和奖金，并以表格形式返回到对话框。
>
> **⑤ ChatGPT**
>
> 员工孙思思 10 ～ 12 月的月薪和奖金情况如下表所示：
>
> | 月份 | 月薪（元） | 奖金（元） |
> | --- | --- | --- |
> | 10 月 | 4 464 | 3 000 |
> | 11 月 | 5 465 | 3 000 |
> | 12 月 | 6 410 | 3 000 |

图　2-38

与原始表格做对照，结果完全正确。还可以进一步要求 ChatGPT 把员工
名字也加入表格，使输出结果更清晰明了（见图 2-39）。

> **YA You**
>
> 请把孙思思的姓名插入上表第一列。
>
> **⑤ ChatGPT**
>
> 更新后的表格，包含员工孙思思 10 ～ 12 月的月薪和奖金情况，如下表所示：
>
> | 员工姓名 | 月份 | 月薪（元） | 奖金（元） |
> | --- | --- | --- | --- |
> | 孙思思 | 10 月 | 4 464 | 3 000 |
> | 孙思思 | 11 月 | 5 465 | 3 000 |
> | 孙思思 | 12 月 | 6 410 | 3 000 |

图　2-39

再举一例。若需要更直观地呈现孙思思 10 ～ 12 月的月薪涨幅，可让
ChatGPT 基于数据生成一幅柱状图。输入完整的提示词（见图 2-40）：

你是一个专业的数据处理专家，请基于员工孙思思 10 ～ 12 月的月薪数
据，绘制一幅柱状图。横坐标是月份，纵坐标是月薪，柱子绘制为蓝色。

从图 2-40 中我们可以看到，ChatGPT 按照要求输出了蓝色的柱状图，
横纵坐标都正确。唯一的问题是无法正常显示中文（图中方框位置应为中文
字体），这有赖于后续版本更新解决。

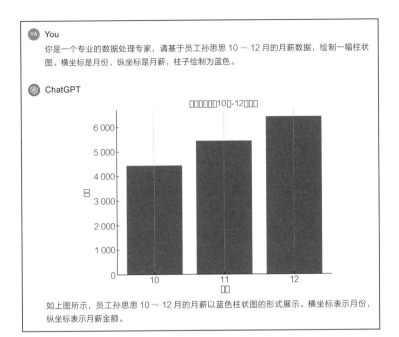

图　2-40

实战演练

你是否有亟待处理的数据表格？快快打开 ChatGPT，使用公式"处理 Excel 图表 = 输入数据 + 描述任务目标 + 描述输出要求"，轻松开启你的数据分析之旅吧！

2.6　数据透视表：新人也能在 10 分钟内完成巨量数据统计

本节提示

数据透视表是 Excel 中的一个强大的工具。借助它，我们能够从大量数据中迅速提取关键信息，进行高效的统计和分析。对刚接触 Excel 的新手而言，掌握数据透视表，能极大提升工作效率，尤其在处理庞大

和复杂的数据集时。本节将介绍数据透视表的主要用途，明确使用数据
透视表所需的准备工作，并探讨如何利用 ChatGPT 辅助创建清晰明了
的数据透视表。

借助 ChatGPT 创建数据透视表有两种方式。一种是直接在线生成
结果，可分为 3 步：输入原始数据给 ChatGPT；描述具体的需求；在线
生成结果并返回到对话框。

我们将这 3 步提炼为一个公式：

Excel 数据透视表 = 输入数据 + 描述需求 + 生成结果

另一种是在本地生成结果，可分为 3 步：输入原始数据给 ChatGPT；
根据需求让 ChatGPT 创建一个针对性的 VBA 宏；在 Excel 中执行宏并
获得结果。

我们将这 3 步提炼为一个公式：

Excel 数据透视表 = 输入数据 + 编写宏代码 +Excel 中执行

1. 数据透视表的主要功能

Excel 的数据透视表是一种强大的数据分析工具，它能帮助用户从不同
维度对数据执行筛选、排序、求和等操作，以便进行更深入的数据分析。

以下面这张销售数据表为例，它包含日期、产品类别、销售地区、销售
量、单价、销售额等字段（见图 2-41）。

如果想要快速了解这张表中不同产品类别的销售情况，常规的方式是通
过在 Excel 中插入数据透视表、选择数据区域、设置相应的字段等一系列操
作来实现。

比如想要了解 11 月 1 日到 11 月 3 日，A 产品在地区 1 的销售情况，就
可以通过下面的方式获得结果⊖（见图 2-42）。

⊖ 本书主要专注于 AI 实用技巧的演示，因此关于非 AI 工具的详细操作不做展开。

日期	产品类别	销售地区	销售量(件)	单价(元)	销售额(元)
11月1日	产品A	地区1	50	100	5 000
11月1日	产品B	地区1	70	150	10 500
11月1日	产品C	地区1	80	200	16 000
11月1日	产品A	地区2	90	100	9 000
11月1日	产品B	地区2	88	150	13 200
11月1日	产品C	地区2	30	200	6 000
11月2日	产品A	地区1	110	100	11 000
11月2日	产品B	地区1	76	150	11 400
11月2日	产品C	地区1	55	200	11 000
11月2日	产品A	地区2	94	100	9 400
11月2日	产品B	地区2	98	150	14 700
11月2日	产品C	地区2	45	200	9 000
11月3日	产品A	地区1	71	100	7 100
11月3日	产品B	地区1	62	150	9 300
11月3日	产品C	地区1	66	200	13 200
11月3日	产品A	地区2	35	100	3 500
11月3日	产品B	地区2	55	150	8 250
11月3日	产品C	地区2	68	200	13 600

图 2-41

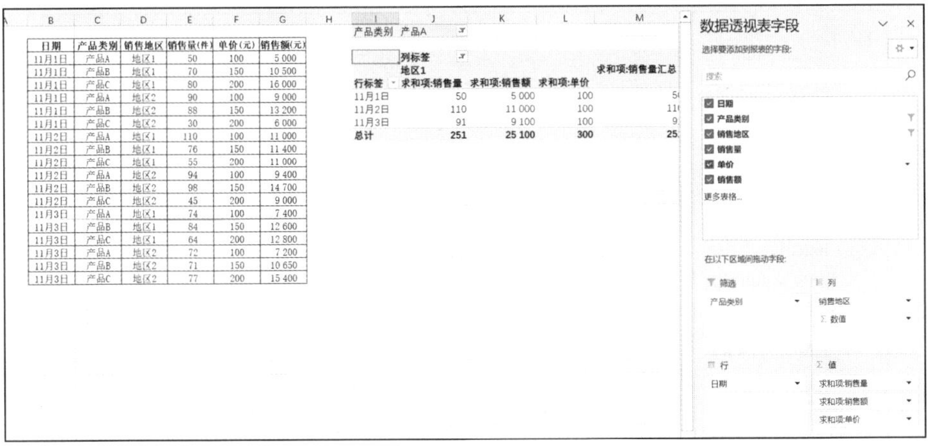

图 2-42

这种方式虽然直观，但要求使用者能够非常熟练地使用 Excel，门槛相对较高。使用 ChatGPT 做辅助，可以完全避开这些专业操作，仅仅使用简单的自然语言，便可获得同样的结果。

2. 使用 ChatGPT 创建数据透视表

通过 ChatGPT 创建数据透视表有两种方式，以下我们分别来做演示。

方式一：直接在线生成结果。

可遵循公式：Excel 数据透视表 = 输入数据 + 描述需求 + 生成结果。

仍以图 2-41 所示的销售数据表为例，将其作为原始数据上传至 ChatGPT。上传完毕后，即可直接描述需求。有关需求提示词的描述，同样需要按照此前所演示的格式要求，清晰地说明任务目标及输出要求。

比如现在需要基于该表，汇总产品 A 在地区 1 的销售情况，可输入如下提示词（见图 2-43）：

你是一个非常资深的数据处理专家，请基于附件中的销售数据表，帮我创建一个数据透视表，汇总产品 A 在地区 1 的销售情况。表格共 4 列，字段从左到右分别为日期、产品类别、销售量、销售额。同时在最后一行添加合计，计算总销量和总销售额。

You

销售数据表1101-1103.xlsx
Spreadsheet

你是一个非常资深的数据处理专家，请基于附件中的销售数据表，帮我创建一个数据透视表，汇总产品 A 在地区 1 的销售情况。表格共 4 列，字段从左到右分别为日期、产品类别、销售量、销售额。同时在最后一行添加合计，计算总销量和总销售额。

ChatGPT

我已根据您提供的销售数据表创建了一个数据透视表，汇总产品 A 在地区 1 的销售情况。表格包括日期、产品类别、销售量和销售额 4 列，并在最后一行添加了合计，计算了总销量和总销售额。以下是详细的汇总结果：

日期	产品类别	销售量（件）	销售额（元）
2023-11-01	产品 A	50	5 000
2023-11-02	产品 A	110	11 000
2023-11-03	产品 A	71	7 100
总计		231	23 100

在总计行中，销售量总和为 231 件，销售额总和为 23 100 元。这样就清楚地展示了产品 A 在地区 1 的整体销售情况。如果您需要更多的信息或其他类型的数据汇总，请告知。

图 2-43

从图 2-43 中我们可以看出，ChatGPT 非常准确地提取出了产品 A 在地区 1 三天的销售量和销售额，并进行了汇总。

如果想要了解产品 B 在两个地区的销售情况，以便对比其在哪个地区更畅销，可输入提示词（见图 2-44）：

你是一个非常资深的数据处理专家，请基于附件中的销售数据表，再创建一个数据透视表，汇总产品 B 在地区 1 和地区 2 的销售情况。表格共 4 列，字段从左到右分别为产品类别、销售地区、销售量、销售额。同时在最后一行添加总计，计算总销量和总销售额。请注意：针对每一个地区，直接把 11 月 1～3 日的销量求和后汇总成一行，无须单独展示每天的销量。

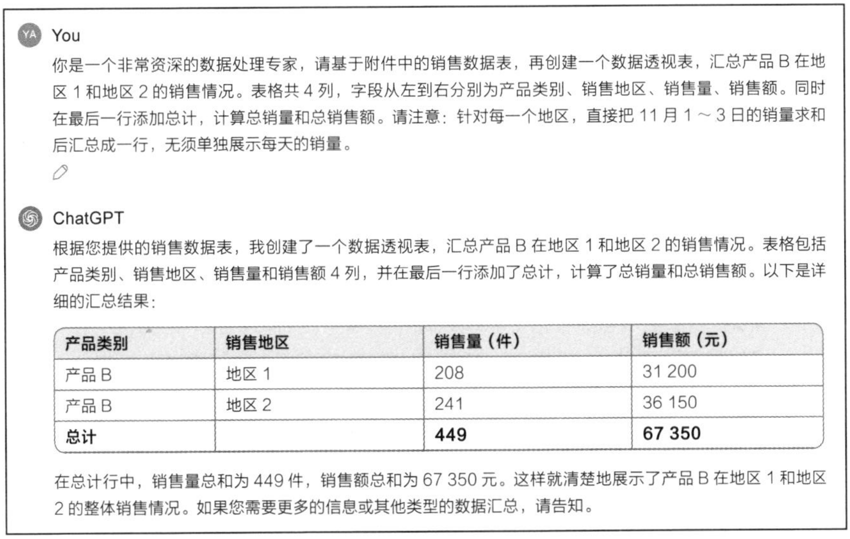

> **You**
> 你是一个非常资深的数据处理专家，请基于附件中的销售数据表，再创建一个数据透视表，汇总产品 B 在地区 1 和地区 2 的销售情况。表格共 4 列，字段从左到右分别为产品类别、销售地区、销售量、销售额。同时在最后一行添加总计，计算总销量和总销售额。请注意：针对每一个地区，直接把 11 月 1～3 日的销量求和后汇总成一行，无须单独展示每天的销量。
>
> **ChatGPT**
> 根据您提供的销售数据表，我创建了一个数据透视表，汇总产品 B 在地区 1 和地区 2 的销售情况。表格包括产品类别、销售地区、销售量和销售额 4 列，并在最后一行添加了总计，计算了总销量和总销售额。以下是详细的汇总结果：
>
> | 产品类别 | 销售地区 | 销售量（件） | 销售额（元） |
> | --- | --- | --- | --- |
> | 产品 B | 地区 1 | 208 | 31 200 |
> | 产品 B | 地区 2 | 241 | 36 150 |
> | **总计** | | **449** | **67 350** |
>
> 在总计行中，销售量总和为 449 件，销售额总和为 67 350 元。这样就清楚地展示了产品 B 在地区 1 和地区 2 的整体销售情况。如果您需要更多的信息或其他类型的数据汇总，请告知。

图　2-44

可以看出，ChatGPT 依然准确地完成了任务，分别汇总出了产品 B 在两个地区的销售情况。

方式二：创建宏代码到 Excel 中执行。

以上方式虽简洁明了、易于操作，但如果涉及大量数据，比如上百行甚至更多，就不方便了。在这种情况下，就需要用到方式二，即让 ChatGPT 基于需求创建一个针对性的 VBA 宏代码，然后再到 Excel 中执行以获得预期结果。

可遵循公式：Excel 数据透视表 = 输入数据 + 编写宏代码 + Excel 中执行。

为方便对比，我们继续沿用上面两个案例，只是用方式二再演示一遍，看看最终呈现的结果有何不同。

案例 1：汇总产品 A 在地区 1 的销售情况，使用方式二实现。

可输入如下提示词（见图 2-45）：

你是一个非常资深的数据处理专家，请基于附件中的销售数据表，帮我写一个 VBA 脚本，功能是在 Excel 中创建一个数据透视表，以汇总产品 A 在地区 1 的销售情况。该数据透视表与原始表在同一个工作簿内，起点是 H 列。表格共 4 列，字段从左到右分别为日期、产品类别、销售量、销售额。同时在最后一行添加合计，计算总销量和总销售额。

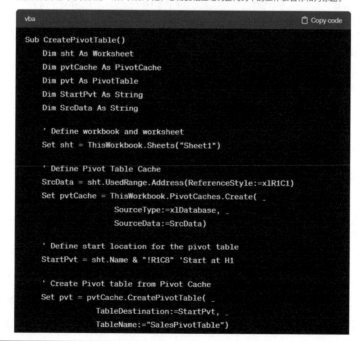

图 2-45

将上述代码复制到 Excel 里的代码编辑器中（见图 2-46 ）：

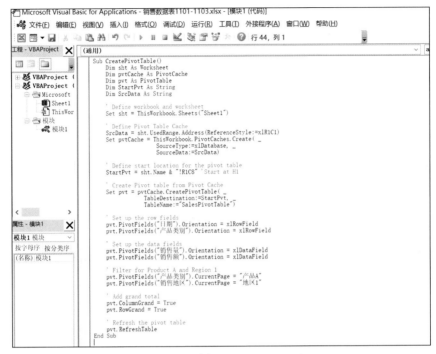

图 2-46

关闭代码编辑器，执行宏 "CreatePivotTable"（见图 2-47 ）。

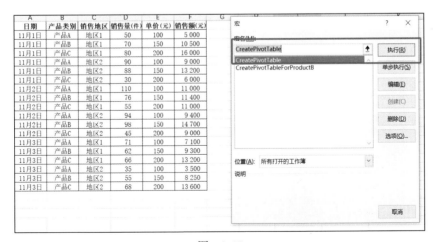

图 2-47

执行后的结果，与在线生成结果一致（见图 2-48）。

日期	产品类别	销售地区	销售量(件)	单价(元)	销售额(元)		值			
							日期	产品	求和项：销售量	求和项：销售额
11月1日	产品A	地区1	50	100	5 000		11月1日	产品A	50	5 000
11月1日	产品B	地区1	70	150	10 500		11月2日	产品A	110	11 000
11月1日	产品C	地区1	80	200	16 000		11月3日	产品A	71	7 100
11月1日	产品A	地区2	90	100	9 000		总计		231	23 100
11月1日	产品B	地区2	88	150	13 200					
11月1日	产品C	地区2	30	200	6 000					
11月2日	产品A	地区1	110	100	11 000					
11月2日	产品B	地区1	76	150	11 400					
11月2日	产品C	地区1	55	200	11 000					
11月2日	产品A	地区2	94	100	9 400					
11月2日	产品B	地区2	98	150	14 700					
11月2日	产品C	地区2	45	200	9 000					
11月3日	产品A	地区1	71	100	7 100					
11月3日	产品B	地区1	62	150	9 300					
11月3日	产品C	地区1	66	200	13 200					
11月3日	产品A	地区2	35	100	3 500					
11月3日	产品B	地区2	55	150	8 250					
11月3日	产品C	地区2	68	200	13 600					

图 2-48

案例 2：对比产品 B 在两个地区的销售情况，使用方式二实现。

可输入如下提示词（见图 2-49）：

你是一个非常资深的数据处理专家，请基于附件中的销售数据表，帮我写一个 VBA 代码，功能是汇总产品 B 在地区 1 和地区 2 的销售情况。该数据透视表与原始表在同一个工作簿内，起点是 H 列。表格共 4 列，字段从左到右分别为产品类别、销售地区、销售量、销售额。同时在最后一行添加合计，计算总销量和总销售额。请注意：针对每一个地区，直接把 11 月 1 ～ 3 日的销量求和后汇总成一行，无须单独展示每天的销量。

图 2-49

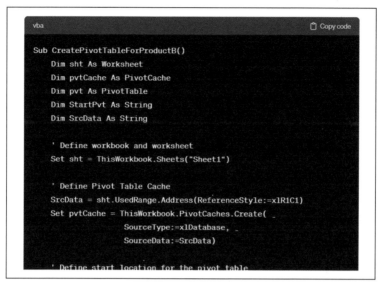

```vba
Sub CreatePivotTableForProductB()
    Dim sht As Worksheet
    Dim pvtCache As PivotCache
    Dim pvt As PivotTable
    Dim StartPvt As String
    Dim SrcData As String

    ' Define workbook and worksheet
    Set sht = ThisWorkbook.Sheets("Sheet1")

    ' Define Pivot Table Cache
    SrcData = sht.UsedRange.Address(ReferenceStyle:=xlR1C1)
    Set pvtCache = ThisWorkbook.PivotCaches.Create( _
                    SourceType:=xlDatabase, _
                    SourceData:=SrcData)

    ' Define start location for the pivot table
```

图　2-49（续）

同样，将该代码复制到 Excel 中执行，得到如下结果（见图 2-50）。该结果与在线生成的结果也一致。

A	B	C	D	E	F	G	H	I	J	K
日期	产品类别	销售地区	销售量(件)	单价(元)	销售额(元)		值			
11月1日	产品A	地区1	50	100	5 000		产品 ▾	销售地区 ▾	求和项：销售量 ▾	求和项：销售额 ▾
11月1日	产品B	地区1	70	150	10 500		产品B	地区1	208	31 200
11月1日	产品C	地区1	80	200	16 000		产品B	地区2	241	36 150
11月1日	产品A	地区2	90	100	9 000		总计		449	67 350
11月1日	产品B	地区2	88	150	13 200					
11月1日	产品C	地区2	30	200	6 000					
11月2日	产品A	地区1	110	100	11 000					
11月2日	产品B	地区1	76	150	11 400					
11月2日	产品C	地区1	55	200	11 000					
11月2日	产品A	地区2	94	100	9 400					
11月2日	产品B	地区2	98	150	14 700					
11月2日	产品C	地区2	45	200	9 000					
11月3日	产品A	地区1	71	100	7 100					
11月3日	产品B	地区1	62	150	9 300					
11月3日	产品C	地区1	66	200	13 200					
11月3日	产品A	地区2	35	100	3 500					
11月3日	产品B	地区2	55	150	8 250					
11月3日	产品C	地区2	68	200	13 600					

图　2-50

实战演练

假设你是公司的 HR 总监，现在想要汇总全公司员工上个月的涨薪情况，请打开 ChatGPT，按照本节提供的在线与本地生成数据透视表的

公式，即 Excel 数据透视表 = 输入数据 + 描述需求 + 生成结果，或者
Excel 数据透视表 = 输入数据 + 编写宏代码 +Excel 中执行，分别试试
快速生成对应的数据透视表吧。

2.7　数据查重：录入了重复数据？让 AI 帮你快速剔除

 本节提示

　　在数据管理和分析过程中，处理重复数据是一个常见的任务。无论
是数据库的日常维护，还是在进行数据分析前的准备工作，有效的数据
查重都是保证数据质量的关键。借助 ChatGPT 进行数据查重，可分为 3
步：输入需要处理的数据；描述需要查重的内容并发布指令；对查重结
果做准确性校对。

　　我们将这 3 步提炼为一个公式：

　　　　　　AI 数据查重 = 输入数据 + 发布查重指令 + 校对结果

1. 做数据查重的常规思路

　　Excel 作为一种被广泛使用的数据处理工具，比较适合进行中小规模的
数据查重。若使用 Excel 做数据查重，常规思路如下：

　　（1）**数据整理**。在查重前，需要确保原始数据的格式一致（比如日期格
式、大小写等），没有错漏。关于如何对杂乱的原始数据做智能整理，可参阅
第 2 章第 4 节，此处不再展开。

　　（2）**使用"删除重复值"功能**。Excel 提供了一个"删除重复值"功能，
通过它，可以快速找到并删除重复的行。通过选择要检查的列，并指定是否
包含标题，我们可以精确地控制查重的范围和方式（见图 2-51）。

　　（3）**数据验证**。完成查重操作后，需要对结果进行验证，检查是否所有

图　2-51

的重复项都被正确删除，同时确保没有错误删除唯一数据。这可能需要手动检查或使用额外的 Excel 功能（如条件格式化等）来进行辅助验证。

2. 使用 ChatGPT 辅助完成数据查重

尽管 Excel 在数据查重方面的表现良好，但操作门槛还是相对较高的：不仅需要手动选择字段、数据范围，验证环节还需掌握更多功能模块。而通过引入 ChatGPT，则可以大大简化这一过程。

使用 ChatGPT 辅助做数据查重，可使用公式：**AI 数据查重 = 输入数据 + 发布查重指令 + 校对结果**。

输入数据部分，操作与前述章节所述完全一致，此处不再展开。

发布查重指令即输入提示词，需要明确指出数据查重需求、需要处理的数据类型、预期的操作步骤等。

以下面这张销售订单表为例，可以看出第 2 行和第 3 行、第 5 行和第 6 行、第 9 行和第 10 行的数据是重复的，我们希望 ChatGPT 能帮忙删除重复的行（见图 2-52）。

输入如下提示词（见图 2-53）：你是一个非常资深的数据处理专家，请基于附件中的 Excel 表格，完成数据查重。具体要求是：以"订单号"为唯一关键字段进行查询，如果同一订单号出现次数超过 1 次，则删除重复的

行，并将查重结果直接以表格形式返回到对话框中。请提供完整的处理后
数据。

销售员	订单号	销售日期	金额(元)
张三	A001	2021/1/1	100
王五	A002	2021/1/2	200
王五	A002	2021/1/2	200
李四	A003	2021/1/3	150
丽丽	A004	2021/1/3	120
丽丽	A004	2021/1/3	120
丽丽	A005	2021/1/5	110
丽丽	A006	2021/1/5	130
刘大	A007	2021/1/5	130
刘大	A007	2021/1/5	130
孙二	A009	2021/1/7	125
孙二	A010	2021/1/7	125

图 2-52

YA You

 电商数据样本1203.xlsx
Spreadsheet

你是一个非常资深的数据处理专家，请基于附件中的 Excel 表格，完成数据查重。具体要求是：以"订单号"
为唯一关键字段进行查询，如果同一订单号出现次数超过 1 次，则删除重复的行，并将查重结果直接以表格
形式返回到对话框中。请提供完整的处理后数据。

ChatGPT

以下是处理后的完整数据表，显示了去除重复"订单号"后的结果：

销售员	订单号	销售日期	金额（元）
张三	A001	2021-01-01	100
王五	A002	2021-01-02	200
李四	A003	2021-01-03	150
丽丽	A004	2021-01-03	120
丽丽	A005	2021-01-05	110
丽丽	A006	2021-01-05	130
刘大	A007	2021-01-05	130
孙二	A009	2021-01-07	125
孙二	A010	2021-01-07	125

在此过程中，我已经删除了所有"订单号"字段重复出现的行，并保留了每个订单号第一次出现的行。这是处
理后的完整数据集。

图 2-53

从上图可以看出，ChatGPT 准确地完成了数据查重任务，删除了原始表格中的重复行。

如前文所述，在数据查重结束后，往往还需要对数据进行验证，以确保数据的准确性。此处，我们可以要求 ChatGPT 进行自查，以确保这一步骤的结果准确。

输入如下提示词（见图 2-54）：作为一名非常资深的数据处理专家，请比对原始表格和你处理后的表格数据，详细展示比对过程，确保查重结果无误。

YA You

作为一名非常资深的数据处理专家，请比对原始表格和你处理后的表格数据，详细展示比对过程，确保查重结果无误。

ChatGPT

在比对原始表格和处理后的表格数据时，我们发现以下结果：

- 原始表格中的行数为 **12 行**。
- 经过去重处理后的表格中的行数为 **9 行**。
- 在此过程中，共移除了 **3 行**数据。

以下是被移除的行的详细信息：

销售员	订单号	销售日期	金额（元）
王五	A002	2021-01-02	200
丽丽	A004	2021-01-03	120
刘大	A007	2021-01-05	130

这些行被移除是因为它们包含的"订单号"在数据集中已有其他行存在。例如，订单号"A002"在原始表格中出现了两次，因此除了第一次出现外的其他行都被移除了。这确保了每个订单号在数据集中只出现一次，符合查重的要求。

图　2-54

从 ChatGPT 展示的比对过程看，思路完全正确。通过它的辅助，我们进一步提升了工作效率，节省了手工校对时间。

想要了解更多使用 AI 做数据查重的案例，可以关注微信公众号"焱公子"（ID：Yangongzi2015），并在对话框内输入关键词**"AI 数据查重"**以获取。

实战演练

如果本节案例中不是以"订单号"，而是以"销售员姓名"为数据查重的关键字段，结果会有什么不同？请打开 ChatGPT，按照公式"AI 数据查重 = 输入数据 + 发布查重指令 + 校对结果"，亲自试一试吧！

2.8 数据合并与拆分：让人头痛的数据分分合合，全部交给 AI 搞定

本节提示

在职场中，我们常常需要进行数据的合并与拆分。本节将展示如何利用 ChatGPT 来轻松、高效地完成这些任务，帮助你更加熟练地处理各种数据，提升工作效率。借助 ChatGPT 进行数据合并与拆分，可分为 3 步：输入原始数据给 ChatGPT；描述具体的合并或拆分要求并发布指令；对生成的结果做准确性校对。

我们将这 3 步提炼为一个公式：

AI 数据合并与拆分 = 输入数据 + 发布合并或拆分指令 + 校对结果

在信息爆炸的现代职场中，每个职场人每天都在接触海量的信息和数据。如何将从各个渠道获取的数据进行高效整合或切割，已经成为很多职场人的日常挑战。借助 ChatGPT，可以大大降低数据处理难度，大幅提升工作效率。

使用 ChatGPT 完成数据合并与拆分，可遵循公式：**AI 数据合并与拆分 = 输入数据 + 发布合并或拆分指令 + 校对结果**。

以如下员工信息与薪资表为例，这个 Excel 文件总共包含 3 个工作簿，分别是"基本信息""薪资信息"和"请假信息"。

其中，基本信息内容如下（见图 2-55）：

员工姓名	工号	入职时间	部门	职位
张三	20230001	2023/1/1	市场部	专员
李四	20230002	2023/2/1	市场部	专员
王五	20230003	2023/3/1	销售部	主管
赵六	20230004	2023/4/1	技术部	初级工程师
宋七	20230005	2023/5/1	技术部	高级工程师
孙八	20230006	2023/6/1	新媒体部	文案
刘九	20230007	2023/7/1	新媒体部	美工
韩十	20230008	2023/8/1	行政部	助理

图 2-55

薪资信息内容如下（见图 2-56）：

员工姓名	工号	月薪(元)	年终奖(元)
张三	20230001	6 000	10 000
李四	20230002	6 000	8 500
王五	20230003	7 500	20 000
赵六	20230004	5 500	8 000
宋七	20230005	7 000	11 000
孙八	20230006	4 500	6 000
刘九	20230007	4 000	3 000
韩十	20230008	3 000	2 000

图 2-56

请假信息内容如下（见图 2-57）：

员工姓名	工号	事假	病假
张三	20230001	2	1
李四	20230002	1	1
王五	20230003	0	2
赵六	20230004	2	3
宋七	20230005	1	1
孙八	20230006	3	1
刘九	20230007	2	2
韩十	20230008	1	1

图 2-57

将包含上述 3 个工作簿的 Excel 文件作为附件导入 ChatGPT 后，如果我们希望合并 3 个工作簿到同一个工作簿中，可这样写提示词（见图 2-58）：

你是一个非常资深的数据处理专家，请基于附件中的 Excel 文件，进行数据合并。具体要求是：以"员工姓名"和"工号"作为关键字段，合并"基本信息""薪资信息"和"请假信息"3 个工作簿里的所有内容到同一个工作簿中，并将结果直接以表格的形式返回到对话框中。请提供完整的合并后的数据。

图　2-58

从上图中可以看到，ChatGPT 准确地合并了 3 个工作簿里的所有信息。如果我们需要让它将合并后的数据以本地文件的形式导出，可输入提示词（见图 2-59）：请以 Excel 文件的形式输出这张表格。

图　2-59

打开下载链接后，得到了下表，与要求完全吻合（见图 2-60）。

员工姓名	工号	入职时间	部门	职位	月薪(元)	年终奖(元)	事假	病假
张三	20230001	2023/1/1	市场部	专员	6 000	10 000	2	1
李四	20230002	2023/2/1	市场部	专员	6 000	8 500	1	1
王五	20230003	2023/3/1	销售部	主管	7 500	20 000	0	2
赵六	20230004	2023/4/1	技术部	初级工程!	5 500	8 000	2	3
宋七	20230005	2023/5/1	技术部	高级工程!	7 000	11 000	1	1
孙八	20230006	2023/6/1	新媒体部	文案	4 500	6 000	3	1
刘九	20230007	2023/7/1	新媒体部	美工	4 000	3 000	2	2
韩十	20230008	2023/8/1	行政部	助理	3 000	2 000	1	1

图　2-60

如果现在仅需要其中部分信息，比如员工姓名、月薪和年终奖，则需要对表格做拆分，操作步骤与上述完全一致。可输入提示词（见图 2-61）：

你是一个非常资深的数据处理专家，请基于附件中的 Excel 表格，进行数据拆分。具体要求是：只需要提取"员工姓名""月薪"和"年终奖"共 3 列数据，生成一张新的表格，并将结果直接以表格的形式返回到对话框中。请提供完整的合并后的数据。

图　2-61

我们再来看一个相对复杂的例子。假设该公司的 HR 需要核算每个员工的实发月薪，该公司规定：每请一天事假扣除 100 元，每请一天病假扣除 50

元。月薪－事假扣除－病假扣除＝实发月薪。基于上面的描述，可以这样写提示词（见图 2-62）：

你是一个非常资深的数据处理专家，请基于附件中的 Excel 表格，进行相应的数据合并与拆分，并生成一张新的表格。具体要求如下：

新表格将包含“员工姓名”“月薪”“事假”“病假”“实发月薪”5 个字段，其中，前 4 个字段都从附件表格中提取，“实发月薪”＝月薪－事假 ×100－病假 ×50。结果以 Excel 文件的形式输出。请提供完整的处理后数据。

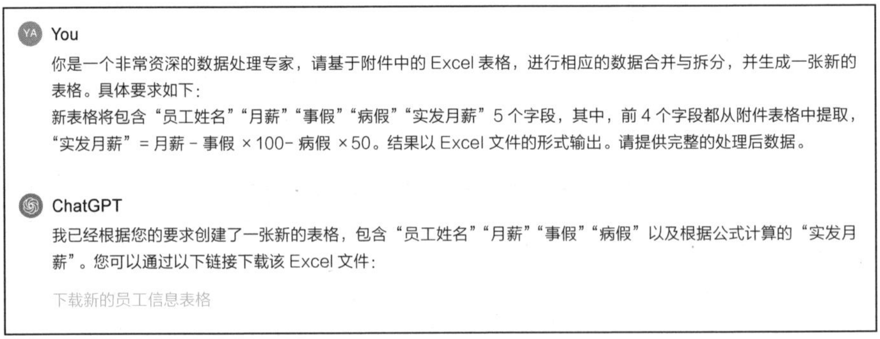
You
你是一个非常资深的数据处理专家，请基于附件中的 Excel 表格，进行相应的数据合并与拆分，并生成一张新的表格。具体要求如下：
新表格将包含“员工姓名”“月薪”“事假”“病假”“实发月薪”5 个字段，其中，前 4 个字段都从附件表格中提取，“实发月薪”＝月薪－事假 ×100－病假 ×50。结果以 Excel 文件的形式输出。请提供完整的处理后数据。
ChatGPT
我已经根据您的要求创建了一张新的表格，包含“员工姓名”“月薪”“事假”“病假”以及根据公式计算的“实发月薪”。您可以通过以下链接下载该 Excel 文件：
下载新的员工信息表格

图 2-62

打开下载链接后，得到了下表（见图 2-63）。

员工姓名	月薪（元）	事假	病假	实发月薪（元）
张三	6 000	2	1	5 750
李四	6 000	1	1	5 850
王五	7 500	0	2	7 400
赵六	5 500	2	3	5 150
宋七	7 000	1	1	6 850
孙八	4 500	3	1	4 150
刘九	4 000	2	2	3 700
韩十	3 000	1	1	2 850

图 2-63

经手动验算，实发月薪的计算结果正确。但为了检验 ChatGPT 的可靠性，此处，我们依然要让它进行自查，以确保后续不再需要人工验证。

输入如下提示词（见图 2-64）：

作为一名非常资深的数据处理专家，请自查原始表格、我此前发布的 prompt（提示）以及你处理后的表格数据，详细展示自查过程，以确保生成的结果无误。

可以看出，ChatGPT 的自查过程翔实具体、思路正确、计算过程经得起推敲，因此生成的结果可靠可信。

You

作为一名非常资深的数据处理专家，请自查原始表格、我此前发布的 prompt（提示）以及你处理后的表格数据，详细展示自查过程，以确保生成的结果无误。

ChatGPT

为确保生成的结果准确，我进行了以下自查过程：

1. **原始数据回顾：** 首先，我回顾了合并后的原始数据表格。这是我基于您的文件合并后生成的数据，包括员工姓名、工号、入职时间、部门、职位、月薪、年终奖、事假和病假等信息。
   原始数据（前五行）：

2. **用户需求核对：** 根据您的要求，新表格中应包含"员工姓名""月薪""事假""病假"和"实发月薪"这 5 个字段，其中"实发月薪"的计算公式为：月薪 - 事假 ×100- 病假 ×50。

3. **计算和字段选择验证：** 我重新执行了计算"实发月薪"的公式，并选择了所需的列进行验证。选择的列和计算后的"实发月薪"（前五行）：

通过比较和验证这两个步骤的数据，可以确认所生成的结果是准确的，且符合您的要求。如果您还有其他疑问或需要进一步处理的数据，请告知。

图　2-64

想要了解更多使用 AI 做数据合并与拆分的案例，可以关注微信公众号"焱公子"（ID：Yangongzi2015），并在对话框内输入关键词"**AI 数据合并与拆分**"以获取。

实战演练

请基于目前你正在处理的工作数据表，根据实际需求，按照公式"**AI 数据合并与拆分 = 输入数据 + 发布合并或拆分指令 + 校对结果**"，做一做吧！

2.9 公式与函数编写：文科生照样轻松玩转图表

 本节提示

在日常办公环境中，Excel 凭借强大的数据处理能力，是大部分职场人不可或缺的重要工具。但 Excel 中的公式与函数却不是那么"友好"，尤其对非理工科专业的人士来说，显得过于复杂而晦涩。本节将演示如何通过 ChatGPT 完成公式与函数的编写，让即便没有任何基础的文科生，也能轻松玩转 Excel，随心所欲地完成数据处理。

借助 ChatGPT 编写公式与函数，可分为 3 步：明确描述需要编写的公式与函数的功能；要求 ChatGPT 编写对应的公式与函数；在 Excel 中执行并获得最终结果。

我们将这 3 步提炼为一个公式：

AI 编写公式与函数 = 明确需求 + 编写公式与函数 +Excel 中执行

在 Excel 中，公式和函数是处理数据的核心，比如求和函数 SUM、垂直查找函数 VLOOKUP、文本合并函数 CONCATENATE，等等。灵活运用这些公式和函数，能够帮助我们更快地处理数据，但若要逐一记住并熟练运用，确实需要相当长的时间。

所幸现在有了 ChatGPT，我们完全可以用简单的自然语言来描述需求，绕开烦琐的熟悉公式和函数的过程，直接获得想要的结果。

使用 ChatGPT 完成公式与函数编写，可按照公式：AI 公式与函数编写 = 明确需求 + 编写公式与函数 +Excel 中执行。

明确需求，即用清晰简洁的语言，向 ChatGPT 阐述需要对当前数据表做什么，以获得什么结果。基于此，再要求它生成对应的公式与函数。最后，再回到 Excel 中执行。

以下表为例，现在我们想要计算所有员工的月薪总和（见图 2-65）。

由于月薪数据在表中第 F 列的 1 ～ 9 行，因此我们可输入提示词（见图 2-66）：你是一个 Excel 专家，我想对单元格 F1 ～ F9 中的数据进行求和，请帮我写出对应的公式。

	A	B	C	D	E	F	G	H	I
1	员工姓名	工号	入职时间	部门	职位	月薪(元)	年终奖(元)	事假(天)	病假(天)
2	张三	20230001	2023/1/1	市场部	专员	6 000	10 000	2	1
3	李四	20230002	2023/2/1	市场部	专员	6 000	8 500	1	1
4	王五	20230003	2023/3/1	销售部	主管	7 500	20 000	0	2
5	赵六	20230004	2023/4/1	技术部	初级工程师	5 500	8 000	2	3
6	宋七	20230005	2023/5/1	技术部	高级工程师	7 000	11 000	1	1
7	孙八	20230006	2023/6/1	新媒体部	文案	4 500	6 000	3	1
8	刘九	20230007	2023/7/1	新媒体部	美工	4 000	3 000	2	2
9	韩十	20230008	2023/8/1	行政部	助理	3 000	2 000	1	1

图　2-65

图　2-66

ChatGPT 很快生成了求和公式，我们只需要将其复制到对应的 Excel 表格中，即可获得结果（见图 2-67）。

F10				f_x	=SUM(F1:F9)				
	A	B	C	D	E	F	G	H	I
1	员工姓名	工号	入职时间	部门	职位	月薪(元)	年终奖(元)	事假(天)	病假(天)
2	张三	20230001	2023/1/1	市场部	专员	6 000	10 000	2	1
3	李四	20230002	2023/2/1	市场部	专员	6 000	8 500	1	1
4	王五	20230003	2023/3/1	销售部	主管	7 500	20 000	0	2
5	赵六	20230004	2023/4/1	技术部	初级工程师	5 500	8 000	2	3
6	宋七	20230005	2023/5/1	技术部	高级工程师	7 000	11 000	1	1
7	孙八	20230006	2023/6/1	新媒体部	文案	4 500	6 000	3	1
8	刘九	20230007	2023/7/1	新媒体部	美工	4 000	3 000	2	2
9	韩十	20230008	2023/8/1	行政部	助理	3 000	2 000	1	1
10					求和	43 500			
11									

图　2-67

　　如果想要计算年终奖的平均值，可输入提示词（见图 2-68）：我想对单元格 G1 ～ G9 中的数据求平均值，请帮我写出对应的公式。

图　2-68

　　复制公式到对应的 Excel 表格中，即可获得结果（见图 2-69）。

G10				fx	=AVERAGE(G1:G9)			
	A	B	C	D	E	F	G	H	I
1	员工姓名	工号	入职时间	部门	职位	月薪(元)	年终奖(元)	事假(天)	病假(天)
2	张三	20230001	2023/1/1	市场部	专员	6 000	10 000	2	1
3	李四	20230002	2023/2/1	市场部	专员	6 000	8 500	1	1
4	王五	20230003	2023/3/1	销售部	主管	7 500	20 000	0	2
5	赵六	20230004	2023/4/1	技术部	初级工程师	5 500	8 000	2	3
6	宋七	20230005	2023/5/1	技术部	高级工程师	7 000	11 000	1	1
7	孙八	20230006	2023/6/1	新媒体部	文案	4 500	6 000	3	1
8	刘九	20230007	2023/7/1	新媒体部	美工	4 000	3 000	2	2
9	韩十	20230008	2023/8/1	行政部	助理	3 000	2 000	1	1
10						平均数	8 562.5		

图　2-69

　　如果想要了解某一个员工的月薪，比如王五的月薪，可输入提示词（见图 2-70）：我想在当前表格里查找"王五"的月薪，请帮我编写相应的公式。"王五"在 A 列，月薪数据在 F 列。

　　复制公式到对应的 Excel 表格中，即可获得结果（见图 2-71）。

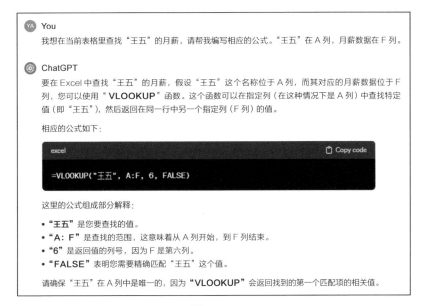

图 2-70

图 2-71

通过如上步骤，当我们想对数据表进行任何操作时，便无须再刻意记公式和函数，直接询问 ChatGPT，请它代劳即可。

实战演练

你还在苦哈哈地自己写公式或函数吗？不妨试试让 ChatGPT 代劳，按照公式"AI 公式与函数编写 = 明确需求 + 编写公式与函数 +Excel 中执行"，进一步提高生产力吧！

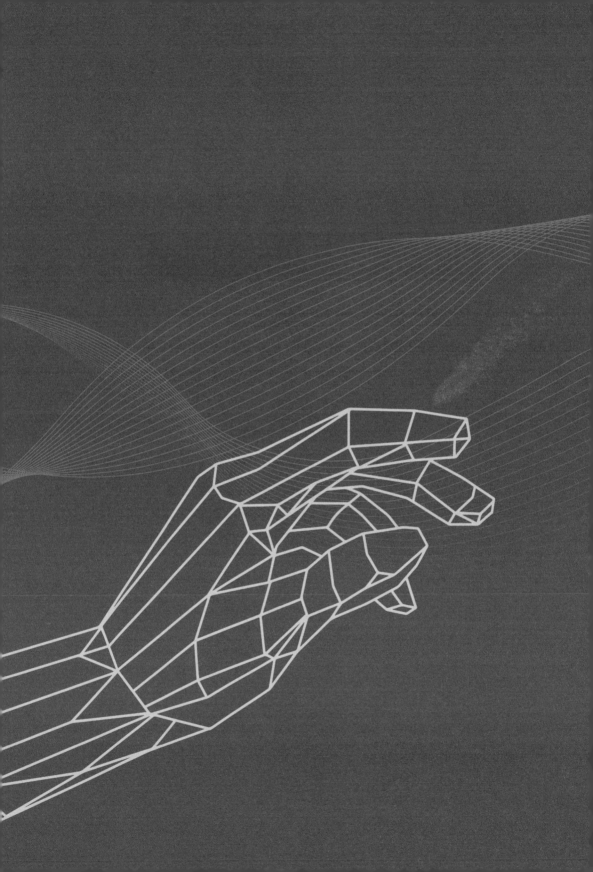

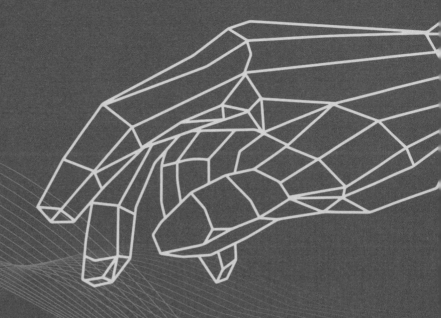

下篇　精进

借助AI精进，能力叠加笃定应对不确定性

| 第 3 章 |

运用 AI 绘制图片
你和专业画师之间，只差了一个 Midjourney

Midjourney 是一款于 2022 年 3 月面世的生成式人工智能绘画工具。在 2023 年人工智能大会上，其创始人大卫·霍尔茨（David Holz）提及自己非常喜欢中国古代文化，Midjourney 对应的中文翻译是"中道"，灵感来源于中国道家经典著作《庄子》，寓意为"在不断前进的过程中"。

该工具可以根据用户输入的提示语，利用特定的算法，基于现有艺术家的作品素材，生成用户想要的图像。尽管拥有不俗的图片生成质量，但面世半年以来，Midjourney 一直不温不火，只是在 AIGC 的小众圈子里流行。

直到 2022 年 8 月，美国科罗拉多州博览会艺术比赛宣布一幅名为《太空歌剧院》的作品获得了金奖（见图 3-1）。这位幸运的获奖者名叫杰森·艾伦（Jason Allen），但他既不是专业的画家，也不是自由艺术家，而是一款桌面游戏的 CEO。

有专家评论：《太空歌剧院》是一幅神奇的画作，结合了古典与科幻的元素，将 17 世纪欧洲的歌剧院场景与极具科幻色彩的太空相融合，画中身穿华丽服饰的贵妇们站立于穹顶之上，漫游于太空之中，极具魔幻色彩。

评委们万万没想到，这样一幅兼具想象力与美感的作品，竟出自 AI 之手——它正是由杰森·艾伦使用 Midjourney 创作而成。从此以后，Midjourney 逐渐开始进入大众视野。

图　3-1

　　而它真正开始爆火"出圈"，则源于 2023 年 3 月在网上疯传的一张"90年代中国年轻情侣图"（见图 3-2）。

图　3-2

　　这张图片的主体是一对年轻的中国情侣，他们穿着夹克和牛仔裤，坐在略显凌乱的屋顶上，背景是 20 世纪 90 年代的中国城市。因为出色的光影、人物细节和逼真的氛围感刻画，这张图片曾被不少人认定是一张真实拍摄的老照片，绝非 AI 生成的图片。

　　这张图片到底是真实的照片，还是 AI 所绘？实践出真知。接下来，我们一起来做验证。也借此例，介绍 Midjourney 的基础提示词写法和注意事项。

　　根据上述图片描述的人物和场景，来看图写话（见图 3-3）：一对年轻的中国情侣坐在屋顶上，穿着夹克和牛仔裤，背景是 20 世纪 90 年代的中国城市，可以看到对面略显破旧的建筑。

图　3-3

　　由于 Midjourney 只能识别英文，我们需要先把这段话翻译为英文，再输入给 Midjourney：

　　A young Chinese couple sitting on a rooftop, wearing jackets and jeans, with a 1990s Chinese city in the background, with a view of slightly dilapidated buildings across the street.

　　耗时大约 1 分钟，Midjourney 就生成了下面这组图（见图 3-4）。

图 3-4

与图 3-2 那张爆火"出圈"的情侣图相比，这组图似乎相去甚远，且每张图的风格看起来也并不相同。

别慌，这是正常的。

首先，Midjourney 出图带有随机性；其次，上述提示词写得不算完整，且质量一般。

那么，完整且高质量的提示词长什么样？

对 Midjourney 来说，一份好的提示词应该由以下三部分构成。

第一部分：画面主体描述。

画面主要描绘的对象是什么，如果是人或者动物，还要加上行为描述。比如：一只小猫和一只小狗，正在公园草地上玩耍；一片郁郁葱葱的森林，开满了五颜六色的花朵；又或者先前描述的：一对年轻的中国情侣坐在屋顶上，穿着夹克和牛仔裤，背景是 20 世纪 90 年代的中国城市，可以看到对面略显破旧的建筑。

　　第二部分：风格关键词描述。

　　画风描述是指说明你需要的是写实风格、魔幻风格、卡通风格、儿童插画风格还是赛博朋克风格。甚至还可以更细一点，比如同样是漫画，你是需要宫崎骏、凡·高的风格还是黄玉郎的风格？风格关键词描述得越清晰，生成的图片才会越接近预期效果。

　　第三部分：图片参数描述。

　　色温、光影、视角、所使用的镜头、质量细节、图片比例等，都统一称为图片参数，它们会不同程度地影响到 Midjourney 最终生成图片的效果。如果希望获得高质量的图片，这部分的设置不可或缺。

　　基于这三部分的要求，我们重新写一遍提示词生成图片（见图 3-5）。

图　3-5

　　一对年轻的中国情侣坐在屋顶上，穿着夹克和牛仔裤，背景是 20 世纪

90 年代的中国城市，可以看到对面略显破旧的建筑。（**画面主体描述**）

相片级写实风格，能看出年代感。（**风格关键词描述**）

暖色调，使用索尼 A7IV SGMA（适马）24mm f1.4 拍摄，超高细节。
（**图片参数描述**）

与第一组图相比，这一组图的人物真实感和画面质感明显好了不少。但
人物看起来似乎还是有些现代感，不太像 20 世纪 90 年代的情侣，这可能是
因为关于画面主体的描述不够准确。

怎么解决呢？

可以把原先的"一对年轻的中国情侣坐在屋顶上"微调为"一对 20 世
纪 90 年代的中国年轻情侣坐在屋顶上"，再重新输入 Midjourney 生成图片
（见图 3-6）。

图　3-6

对比上面一组图，这组图的年代感加强了一些。

限于篇幅，此处不再继续往下迭代优化，有兴趣的读者可以根据上述提示词，自行调整关键词，观察生成图片的效果会有什么改变。

通过此例，请务必牢记：Midjourney 的提示词由画面主体描述、风格关键词描述及图片参数描述三部分构成，熟练掌握好这一结构，就掌握了生成任意图片的万能钥匙。

如果你对风格关键词、图片参数设置不太擅长，可以关注微信公众号"焱公子"（ID：Yangongzi2015），并在对话框内输入关键词**"AI 绘图"**，以获取我们精心整理的关键词合集。

在接下来的章节里，我们将基于 10 个典型场景，逐一演示 AI 绘图在职场中的具体应用和细节操作。

此处想强调的是：本书面向普通职场人，第 3 章旨在教会读者使用 AI 绘图工具，一是尽可能节省前期策划、设计的时间，二是在平时工作与生活中绘制一些简单的图片，三是提供更多思路与灵感指引。因 Midjourney 出图带有随机性与较低的操控性，它在很多场景下无法直接生成优秀的成品。若需真正达到商用级别，你还需要将 Midjourney 生成的图片交由视觉设计师等专业人士来完成相关的后期调整。

3.1　表情包：无须设计师，也能快速生成可爱表情包

 本节提示

每一个职场人都值得拥有一套自己的专属表情包，它非常有助于调节紧张严肃的工作氛围，让沟通变得更加轻松且富有趣味。借助 Midjourney 快速生成个性化的表情包，可分为 4 步：明确需要生成的表情包主体；描述与主体相关的动作；确定表情包相应的风格；设置相关参数。

我们将这 4 步提炼为一个公式：

AI 生成表情包 = 明确主体 + 描述动作 + 确定风格 + 设置参数

　　随着数字通信技术的不断进步，传统的文字和语音交流方式已经不能满足多样化和个性化的交流需求。表情包作为一种直观的，也更富有趣味性的交流方式，正逐渐在现代职场和生活中流行。它们以图像的形式，简洁生动地传达了人们的情感和意图，为日常交流增添了更多色彩和活力。

　　创建一套表情包绝非易事，它需要专业的设计技能和软件，门槛非常高，对绝大多数职场人来说，不太可能自己完成。幸运的是，现在有了Midjourney这样的工具。它可以帮助我们快速、简便地创建出专属于自己的表情包，让每一个职场人士都能够轻松享受到表情包带来的乐趣和便利。

　　想通过 Midjourney 创建一套专属表情包，需要明确四个关键设置要素，即**主体、动作、风格和参数**，它们直接影响着表情包的最终效果和个性化程度。

　　主体是表情包的基础，决定了表情包的基本框架和风格走向。**动作**是表情包的生命，它赋予了表情包活力和情感。设置不同的动作，可以使表情包成为情感和意图的生动展现。**风格**是表情包的艺术表现，决定了表情包的美观度和吸引力。选择一个与个人品位和品牌属性相匹配的风格，可以使专属表情包更具艺术感和个性化。**参数**是表情包的技术保证，决定了表情包的清晰度和可用性。优质的图片参数设置，不仅可以保证表情包的视觉效果，还可以使表情包在不同的通信工具、平台上得到更好的展现。

　　设置好这四个关键要素，才能更充分地利用 Midjourney 的强大功能，快速创建出专属于自己的、富有个性化和创意的表情包。

　　按照"**主体 + 动作 + 风格 + 参数**"这种结构，就可以组合出完整的表情包提示词。先做个简单演示：生成一只可爱小猫的表情包。

　　按照如上结构，提示词为：

　　可爱小猫的表情包。（**主体**）

　　多种表情多种姿势。（**动作**）

　　头部拍摄，拟人化风格，矢量插图，儿童图书角色风格。（**风格**）

　　niji 5 模型，图片比例 2：3。（**参数**）

　　对应的英文提示词为：

emoji sheet of cat,

multiple expressions, multiple poses,

head shot, anthropomorphic styles, vector illustration, children's book character styles,

--niji 5 --ar 2：3.

什么是 niji 模型？

Midjourney 在生成图片时，有两个模型可以选择。V5.2 是默认模型，画出的图片主要偏写实风格；niji 是专门用于创造二次元风格图片的模型，生成的图片主要偏漫画风格。

在此例中，想要生成拟人化的可爱小猫，自然是 niji 模型更合适。

输入提示词后，就得到了下面这一组可爱小猫的表情包（见图 3-7）。

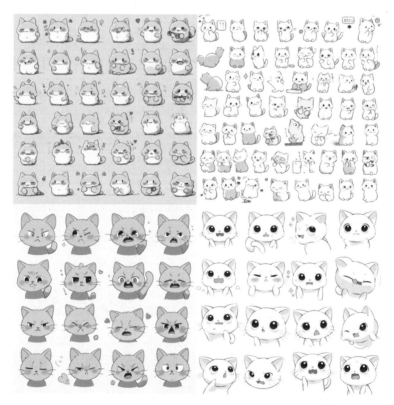

图 3-7

假设你比较喜欢左下的小猫，就可以选择图片下方的 U3 按钮，单独放大它（见图 3-8、图 3-9）。

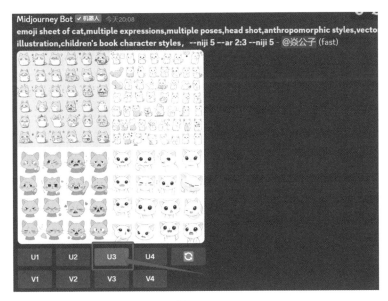

图　3-8

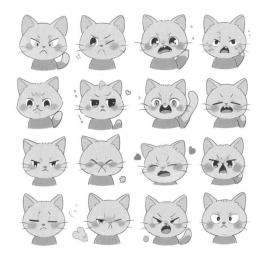

图　3-9

如果你想要扩展更多，最简单的方法是通过已生成图片下方的缩放功能

（Zoom Out），一键获得更多表情动作（见图 3-10、图 3-11）。

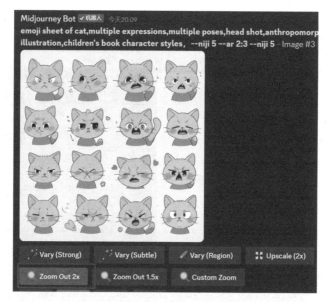

图　3-10

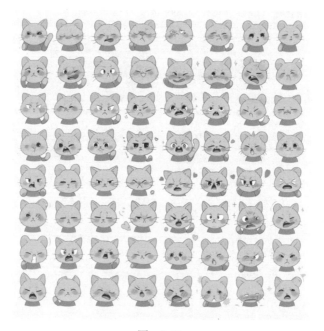

图　3-11

接下来，再分别创建一套工程师和一套销售精英的表情包。由于过程都一样，此处不再赘述，直接给出提示词和生成的效果图。

案例 1：创建工程师的表情包（见图 3-12）。

输入提示词：一个年轻的中国男性工程师，穿着白色衬衫，戴着眼镜（**主体**），多种表情多种姿势（**动作**），皮克斯风格（**风格**），V5.2 模型，图片比例 2：3（**参数**）。

对应的英文提示词：

emoji sheet of a young Chinese male engineer, wearing a white shirt and glasses, multiple expressions and multiple poses, pixar style --ar 2 : 3 --v 5.2.

图　3-12

案例 2：创建销售精英的表情包（见图 3-13）。

输入提示词：

一个年轻的中国销售精英，帅气的外表，身穿黑色西服，打着红色领带，手上拿着合同（**主体**），人物活泼生动，多种表情多种姿势（**动作**），迪士尼风格，3D 卡通风格（**风格**），niji 5 模型，图片比例 2∶3（**参数**）。

对应的英文提示词：

emoji sheet of a young Chinese sales elite, handsome appearance, wearing a black suit, red tie, holding a contract, the character is lively and vivid, multiple expressions multiple poses, lively and vivid characters, Disney style, 3d cartoon style --ar 2∶3 --niji 5.

图　3-13

由上述诸图可见，如此创建表情包虽然操作简单，但生成的表情包人物表情变化不够多，画面质量的可控性也相对较差。

如果想要更多丰富的表情，我们就要在提示词中有针对性地写出具体表情，比如愤怒、大笑、伤心、失望等，而非仅输入"多种表情"，让 Midjourney 去随机生成。

建议大家学习完本节后，自行尝试探索，一定能获得更丰富多元的表情。

想要获得更多使用 Midjourney 制作的表情包，可以关注微信公众号"焱公子"（ID：Yangongzi2015），并在对话框内输入关键词**"AI 表情包"**以获取。

 实战演练

请试试用你喜欢的形象，依照本节提供的公式**"AI 生成表情包 =明确主体 + 描述动作 + 确定风格 + 设置参数"**，使用 Midjourney 生成一套表情包吧！

3.2　品牌标识：秒速定制，凸显品牌特色

🌀 **本节提示**

一个好的品牌标识（Logo）对于企业的意义不言而喻，本节我们将演示如何通过 Midjourney 和 DALL·E 3 两款不同的人工智能绘图工具，快速定制和优化品牌标识。

通过 Midjourney 和 DALL·E 3 生成高质量的品牌标识，可分为 4步：明确标识的图案主体；明确标识的主要配色；确定 Logo 相应的风格；合理设置图案与文字的布局。

我们将这 4 步提炼为一个公式：

AI 生成品牌标识 = 明确图案主体 + 明确配色 + 确定风格 + 设置布局

　　品牌标识不仅仅是一个图形符号，更是企业的重要资产，以及企业文化的直观表现形式。一个优秀的标识能够为企业带来巨大价值，具体体现在以下四个方面。

　　一是**品牌识别**。一个独特且易于记忆的标识，可以显著提升消费者对品牌的辨识度。在众多品牌信息中，优秀的标识能快速捕获消费者的注意力。二是**情感联结**。标识是企业与消费者沟通的桥梁。通过颜色、形状和字体的巧妙组合，标识能够有效地传达企业的核心价值和品牌理念，与消费者建立情感联结。三是**建立信任**。一个专业且富有设计感的标识，可以提高消费者对企业的信任度，展示出企业的专业能力和对品质的追求，从而吸引并留住消费者。四是**推动营销**。标识是企业所有营销材料的核心元素，如网站、社交媒体、广告和包装等。一个统一且符合品牌形象的标识，可以增强营销活动的效果。

　　总之，一个优秀的标识是企业形象和品牌战略中不可或缺的重要元素。它能够在视觉上代表企业联结消费者，推动企业的发展和成功。

　　接下来，我们分别使用 Midjourney 和 DALL·E 3 来演示生成品牌标识的完整过程。

　　DALL·E 是 OpenAI 旗下的图像生成模型，能够根据文本描述生成对应的图像，目前已更新到第三版，即 DALL·E 3。尽管 DALL·E 3 生成的图片质量与 Midjourney 相比还有一定差距，但 DALL·E 3 有自己显著的优势：DALL·E 3 是内嵌在 ChatGPT 里的，这意味着我们可以直接调用 ChatGPT 与其对话、发布指令，它的操作门槛比 Midjourney 低很多，同时它还支持中文输入。

　　我们先来看一个简单测试。给 Midjourney 和 DALL·E 3 输入同样的提示词：一只卡通小兔子举着一个牌子，上面写着"我爱你"。对应的英文提示词：*A cartoon bunny holding a sign that says "I Love you"*.

　　以下是 Midjourney 和 DALL·E 3 生成的图片（见图 3-14）：

　　可以看出，二者生成的图片虽然风格不尽相同，但都准确地按照提示词生成了符合要求的图片。

图 3-14

无论是使用 Midjourney 还是 DALL·E 3，都可以按照以下公式，完成品牌标识的定制：**AI 定制生成品牌标识 = 明确图案主体 + 明确配色 + 确定风格 + 设置布局**。

下面将为大家具体演示，焱公子和水青衣所在公司"一跃而起"是如何在 AI 的帮助下设计出标识的。

基于公司名"一跃而起"和对应的英文"Rising Up"，进行 Logo 设计。

图案主体：考虑使用一个向上跳跃的图形，如一个抽象的人形，象征上升和进步。

配色：使用金色，因为金色代表成功和卓越，它可以传达出公司上升和成功的愿景。

风格：以简洁为主，不需要复杂的点缀，以便于识别。

布局：主要是指图案和字体的位置，此处让"Rising Up"出现在图案下方。

输入提示词：请帮我设计一个公司品牌标识。该标识是一个向上跳跃的抽象的人形，金色，简洁风格，图案下方展示英文"Rising Up"。

对应的英文提示词：*Design a logo, which is an abstract human figure jumping upwards, in gold color, in a simple style, the English word "Rising Up" is displayed underneath the graphic.*

以下是 Midjourney 和 DALL·E 3 生成的标识图（见图 3-15）：

图　3-15

从最终的呈现效果来看，二者都做到了严格匹配，我们可以基于实际需求和个人审美自行决定采用哪个方案。当然，如果对标识附带的文字有更高的要求，也可以只让 Midjourney 或 DALL·E 3 生成图案，后期再通过 PS 等专业设计软件添加文字，合成想要的标识效果。

想要获取更多使用 Midjourney 和 DALL·E 3 定制的标识案例，可以关注微信公众号"焱公子"（ID：Yangongzi2015），并在对话框内输入关键词**"AI 定制标识"**以获取。

 实战演练

请使用 Midjourney 或者 DALL·E 3，按照公式"AI 生成品牌标识 = 明确图案主体 + 明确配色 + 确定风格 + 设置布局"，帮助一家名为"永远年轻"（英文名：Forever Young）的公司设计一款品牌标识。

3.3　产品概念图：为团队提供视觉参考，加速创意产生

🎨 **本节提示**

本节将探讨产品概念图对设计师和团队的意义，并演示如何通过 Midjourney 创作出富有创意和美感的产品概念图。这些概念图可以作

为视觉参考，帮助团队更好地理解和沟通设计思路，加速创新和决策过程。

通过 Midjourney 生成高质量的产品概念图常常应用于两种典型场景。

第一种，自己有产品草图或线稿。在这种场景下，具体操作可分为 6 步：上传草图到 Midjourney；设置概念图背景；设置相关材质，比如木质或者金属质感；设置相关的风格；设置灯光参数；设置图片质量参数。

我们将这 6 步提炼为一个公式：

AI 生成产品概念图 = 上传草图 + 设置背景 + 设置材质 + 设置风格 +
设置灯光 + 设置图片质量

第二种，只有概念或大致方向，没有现成的草图。在这种场景下，也可分为 6 步，除了第 1 步描述产品主体与第一种场景不同，其他 5 步都一致。

我们将这 6 步也提炼为一个公式：

AI 生成产品概念图 = 描述产品主体 + 设置背景 + 设置材质 +
设置风格 + 设置灯光 + 设置图片质量

产品概念设计是设计流程中至关重要的一部分，它可以在多个维度上推动工作进展。比如，在产品框架的构建阶段，它能帮助设计师在项目初期构建一个清晰的框架，这有助于指导后续的设计过程，减少不必要的修改和返工。同时，通过可视化的概念图，设计师能够更容易地与项目团队的其他成员进行沟通和交流，团队成员也能够更好地理解设计师的思路和意图。

因此，产品概念设计对设计师而言，不仅是表达和验证设计思路的重要工具，也是推动项目进展和增强团队合作的有效手段。

当然，设计产品概念图本身有着较高的门槛。非专业设计人员在学习使用相关的 AI 工具设计产品概念图时，更多要学习和领会的是思路和方法。真正要将 AI 生成的产品概念图落地商用，仍需要专业人士的后期优化精调。

用 Midjourney 生成产品概念图有两种典型使用场景：一种是本身已有草图或者线稿，可以让 Midjourney 基于它生成概念效果图；另一种是没有草图，只有一个点子或者想法，则可以直接让 Midjourney 从头开始生成。

下面，以"便携式蓝牙音响"为例，分别对两种场景进行演示。

第一种场景，可按照公式：**AI 生成产品概念图 = 上传草图 + 设置背景 + 设置材质 + 设置风格 + 设置灯光 + 设置图片质量。**

其中，背景指的是产品生成时的背景图案，为了凸显产品，通常选用纯色；材质指的是塑料、金属、木质、玻璃、布等；风格指的是产品的造型风格，比如极简、复古、超现实、现代等，也可以直接指定知名设计师设计。

我们专门做了一张表，供读者在生成自己的产品概念图时参考选择（见图 3-16）。

Midjourney 生成产品概念图	
关键项	**举例**
产品主体 / 草图	便携式蓝牙音响、超薄笔记本电脑、空气净化器等
产品背景	纯色背景（比如白色、灰色、红色等）、森林、海边等
材质	塑料、金属、木质、玻璃、布等
风格	极简、复古、超现实、现代、工艺品等
灯光	虚拟引擎、oc 渲染、工作室照明、全局照明、自然光、电影灯光等
图片质量	高细节、高分辨率、高品质、4K、8K 等

图 3-16

接下来，先演示有草图的生成方式，这里需要用到 Midjourney 的一个非常重要的功能——图生图，也即业内俗称的**"垫图"**（给出已有的草图做参考）。

以下是一张便携式蓝牙音响的白底线稿，先把它上传到 Midjourney（见图 3-17）。

输入提示词：一台便携式蓝牙音响，以浅绿色为主，灰色背景，木头材质，复古风格，工作室照明，超高细节，4K。

对应的英文提示词：*A portable Bluetooth speaker with a primarily light green color, a gray background, wooden material, a vintage style, studio lighting, ultra-high detail, 4K.*

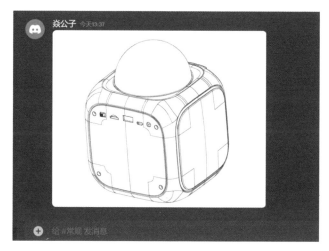

图　3-17

同时，附上上面草图的链接。

在 Midjourney 里右击该草图，选择"复制链接"（见图 3-18），然后，将链接粘贴到上述提示词的最前面。

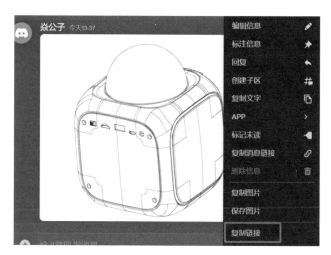

图　3-18

将上述信息一起输入 Midjourney 后就得到了下面这一组图（见图 3-19）。

能看出左上图和右上图跟线稿还是比较接近的，但是提示词里要求的"以浅绿色为主、木头材质"似乎没有得到很好的体现。

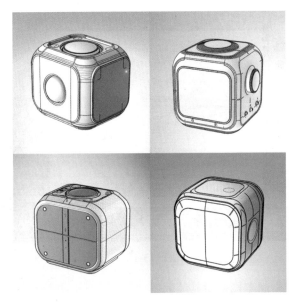

图　3-19

此时，可以利用 Midjourney 的权重设置来增强想要凸显的部分。具体的操作是直接在想要增强的内容后面加上双冒号和数字。

比如在本例中，我们想要增强音响的浅绿色外观和木头材质的质感，就要在"*a primarily light green color*"和"*wooden material*"后面分别加"::5"，即权重增加到 5 倍。

原提示词更改为：*A portable Bluetooth speaker with a primarily light green color ::5, a gray background, wooden material ::5, a vintage style, studio lighting, ultra-high detail, 4K.*

将新提示词输入 Midjourney 后可以看到如下效果（见图 3-20）。

很明显，效果跟预设更接近了。

接下来，我们继续演示没有草稿的场景。这种场景下的产品概念图生成，可以遵循公式：**AI 生成产品概念图 = 描述产品主体 + 设置背景 + 设置材质 + 设置风格 + 设置灯光 + 设置图片质量。**

实际上，在这种场景下，除了不用垫图，其余的提示词和前一种场景是完全相同的。

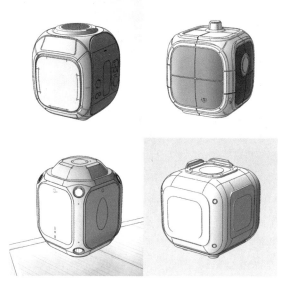

图　3-20

　　我们来看一看，没有草图，任 Midjourney 自由发挥后的出图效果（见图 3-21、图 3-22）。

图　3-21

图　3-22

　　可以看到，Midjourney 自由发挥的效果似乎更好，也给出了更多的样式供参考。如果在做产品概念设计时还没有一个明确的产品形态，建议可以采用 Midjourney 直接出概念图的方式，也许能带来更多灵感和启发。

　　想要查看更多使用 Midjourney 生成的产品概念图，可以关注微信公众号"焱公子"（ID：Yangongzi2015），并在对话框内输入关键词"**AI 产品概念图**"以获取。

实战演练

请按照本节提供的两个公式，若有草图，则按照 AI 生成产品概念图＝上传草图＋设置背景＋设置材质＋设置风格＋设置灯光＋设置图片质量，若没有草图，则按照 AI 生成产品概念图＝描述产品主体＋设置背景＋设置材质＋设置风格＋设置灯光＋设置图片质量，使用 Midjourney 分别为你们公司的产品生成概念图，并对比二者的优劣。

3.4 产品包装图：零成本迭代设计方案，高效满足甲方需求

 本节提示

  包装作为产品的"外衣"，是产品第一时间传达给消费者的视觉信息，能直接影响消费者的购买决策。一款精美且符合市场定位的产品包装，不仅能够增强产品的吸引力，也有助于品牌形象的塑造和传达。通过 Midjourney 生成高质量的产品包装图，可分为 7 步：明确包装图的主体；明确其他出现在包装盒上的元素；设置主色调；设置风格；设置包装盒的形状；设置图案背景；设置图片参数。

  我们将这 7 步提炼为一个公式：

AI 生成产品包装图 = 明确主体 + 明确出现元素 + 设置颜色 + 设置风格 +
设置包装盒形状 + 设置背景 + 设置图片参数

  产品的外包装是消费者首先接触到的元素，它在传达品牌信息和吸引消费者方面起着至关重要的作用。精心设计的产品包装不仅可以增强产品的视觉吸引力，还可以在消费者心中留下深刻的印象，从而影响他们的购买决策。

  全球知名的包装设计公司维实洛克（WestRock）曾做过的一项调查显示，81% 的消费者会因为受包装的吸引而购买之前未尝试过的产品。同时，根据 Dotcom Distribution 的一项研究，40% 的在线消费者表示，如果网购产品的包装是礼品式包装，他们更有可能再次购买该品牌的产品。

  此外，外包装还能够传达产品的价值和品质。通过使用高质量的材料、精致的设计和独特的开箱方式，品牌可以展示其对产品质量和消费者体验的重视，从而提高消费者对产品的期望和满意度。

  综上所述，精美的产品包装在提高产品销量、增强品牌形象和提升消费者满意度方面起着重要作用。品牌和设计师应重视包装设计，将其视为产品营销和品牌传达的重要组成部分。

　　用 Midjourney 生成产品包装图，可按照公式：AI 生成产品包装图 = 明确主体 + 明确出现元素 + 设置颜色 + 设置风格 + 设置包装盒形状 + 设置背景 + 设置图片参数。

　　以生成月饼礼盒为例，可以套用上述公式，输入提示词：月饼礼盒包装设计，一只可爱的小白兔，暖色，中国工笔画，方形，以满月为背景，高分辨率，高细节，8K。

　　对应的英文提示词：*Mooncake gift box packaging design, a cute little white rabbit, warm colors, Chinese brush painting, square, with full moon as background, high resolution, 8K.*

　　我们得到了下面这组图（见图 3-23）。

图　3-23

　　如之前所述，Midjourney 不认识中文，所以左上图会出现乱码。同时，Midjourney 图片生成带有随机性，若对当前图片不太满意，可以多刷新几次，每次都能获得一组全新的图片（见图 3-24、图 3-25）。

图　3-24

图　3-25

　　如果想要更好地控制图片生成方向，解决方式就是"垫图"。比如，可以先垫一张参考图，让 Midjourney 在参考图的基础上生成类似的产品包装图。

　　举例：参考图如下（见图 3-26）。

图　3-26

　　对应生成的效果图如下（见图 3-27）。

图　3-27

　　按照同样的公式，我们再用 Midjourney 生成茶叶包装和巧克力包装。因过程与前述月饼包装完全一致，故不再赘述，只提供具体的提示词和最终生成的效果图。

　　要生成茶叶包装效果图，可输入提示词：茶叶礼盒包装设计，青花瓷纹理，青色和白色，中国传统图案，简约风格，长方形，高分辨率，高细节，8K。

　　对应的英文提示词：*Tea gift box packaging design with blue and white porcelain texture, blue and white colors, traditional Chinese patterns, minimalist style, rectangular shape, high resolution, high detail, 8K.*

　　生成的茶叶包装效果图如下（见图 3-28、图 3-29）。

　　要生成巧克力包装效果图，可输入提示词：巧克力包装设计，明艳漂亮的年轻女孩，红色，简约风格，高分辨率，高细节，8K。

　　对应的英文提示词：*Chocolate packaging design featuring a bright and beautiful young girl, red color, minimalist style, high resolution, high detail, 8K.*

图　3-28

图　3-29

生成的巧克力包装效果图如下（见图 3-30、图 3-31）。

图　3-30

图　3-31

　　想要查看更多使用 Midjourney 绘制的产品包装图，可以关注微信公众号"焱公子"（ID：Yangongzi2015），并在对话框内输入关键词"**AI 产品包装图**"以获取。

 实战演练

　　请分别使用垫图和直接生成的方式，按照公式"**AI 生成产品包装图 = 明确主体 + 明确出现元素 + 设置颜色 + 设置风格 + 设置包装盒形状 + 设置背景 + 设置图片参数**"，生成珠宝产品的外包装盒图片。

3.5　个性头像：5 步打造你的个人 IP 专属形象

🌀 **本节提示**

　　职场上，打造个性化的个人形象是构建个人品牌（IP）的重要一环。一个别具一格的头像，不仅能让你在社交平台上脱颖而出，也能让你在职场中给人留下更深刻的印象。通过 Midjourney 生成个性头像，可分为 5 步：上传真实照片作为参考；设置人物信息；设置想要生成的图片风格；设置背景画面；设置图片参数。

我们将这 5 步提炼为一个公式：

AI 生成个性头像 = 垫图 + 设置人物 + 设置风格 + 设置背景 + 设置图片参数

1. 个性头像对于职场人的意义

在职场和社交媒体中，头像不仅仅是外表的展现，更是个人品牌的重要组成部分。以一张独特且吸引人的自画像作为头像，可以在多个层面上为你在职场上带来积极的影响。

首先，它有助于提升识别度。在微信、微博、企业社交网络等交流平台上，一张具有个性和特色的自画像会使你瞬间脱颖而出，更容易被他人记住。

其次，合适的头像可以强化职业形象。一张精心设计的自画像，某种程度上也是专业态度的展现，无须文字，就能传达出职业精神和追求。此外，自画像也是个人品牌建设的有力工具。它可以在职场中塑造和传递清晰一致的个人形象和信息。

最后，一个合适的头像还能增加亲和力，拉近与他人之间的距离。

借助 Midjourney 能生成多种风格的头像，以下推荐既适合职场人又容易上手制作的三种风格。

（1）**极简风**。这种风格充满设计感，能够有效传达出专业和艺术气息。它通过简化的线条和色块，能够清晰地凸显个人的特点与个性。

（2）**二次元**。这种风格清新脱俗又不失趣味，有助于在职场中树立更新颖、别致的形象，也更容易让你成为线上社交场合的焦点。

（3）**3D 卡通**。这种风格亲切柔和又不失稳重，它通过立体的设计，使形象更加丰满生动。

选择合适的头像风格，能让我们在职场中的形象更鲜明，也更能凸显专业性和个人魅力，从而更容易给其他人留下深刻的印象。

2. 使用 Midjourney 快速生成个性头像

下面进入实操演示环节，按照公式 AI 生成个性头像 = 垫图 + 设置人物 + 设置风格 + 设置背景 + 设置图片参数，生成自己的个性头像。

（1）垫图。

将自己的照片上传至 Midjourney，作为初始参考。请注意，务必确保上传的照片面部清晰、背景干净，这将直接影响生成的头像的相似程度。据我们多次实测，基于纯色背景证件照、半身特写照生成的效果图质量相对较好。

由于版权问题，此处我们使用一张由 Midjourney 生成的虚拟人像作为垫图输入源（见图 3-32）。本案例侧重思路演示。

图　3-32

（2）基于具体信息撰写提示词。

这一步需要明确的是具体的人物、风格、背景和图片参数信息。

人物：是男是女，是美是丑，年龄，中国人还是外国人，等等。

风格：即上文提及的极简风、二次元或者 3D 卡通风格。

背景：选择纯色背景，或者以某个具体场景为背景，比如机场、商场等。

图片参数：包括灯光照明、画幅、质量等。

（3）向 Midjourney 输入提示词，生成对应头像。

按照"垫图链接 + 人物描述 + 风格描述 + 背景描述 + 图片参数描述"格式撰写出完整的提示词。

案例 1：生成极简风个性头像。

输入提示词：垫图链接，一个美丽的 20 岁中国女孩头像特写，长发，平面插画，几何形状，孟菲斯风格，极简主义，蓝色背景，高质量。

对应的英文提示词：[*padded image link*], *Headshot close-up of a beautiful 20 years old Chinese girl with long hair, flat illustration, geometric shapes, Memphis style, minimalism, blue background, high quality.*

我们得到下面这组极具艺术气息的头像（见图 3-33）。

图　3-33

此前我们多次强调过，Midjourney 生成图片具有随机性，即便有垫图参考，也不能够保证每次生成的图片都跟原图很相像，尤其是在风格差异明显的情况下。

针对这种情况，目前的解决方案是多次刷新，或者对提示词进行微调。

在本案例中，我们经过两轮刷新，得到了一张跟原图相对较接近的图片（见图 3-34）。

图　3-34

案例 2：生成二次元个性头像。

输入提示词：垫图链接，一个美丽的 20 岁中国女孩头像特写，长发，二次元，高质量。

相应的英文提示词：[*padded image link*], *Close-up of a beautiful 20 year old Chinese girl headshot, long hair, secondary, high quality.*

我们得到了这组头像（见图 3-35）。

图　3-35

下面，选择你认为与原图最接近的即可，在这里，我们选择左上图（见图 3-36）。

图　3-36

案例3：生成3D卡通个性头像。

输入提示词：垫图链接，一个美丽的20岁中国女孩头像特写，长发，来自迪士尼皮克斯的3D角色，电影式边缘照明，黄色背景，柔和的灯光，超级细节。

相应的英文提示词：[*padded image link*], *Close-up of a beautiful 20-year-old Chinese girl headshot, 3d character from Disney Pixar, cinematic edge lighting, yellow background, soft lighting, super detail.*

我们得到了这组头像（见图3-37）。

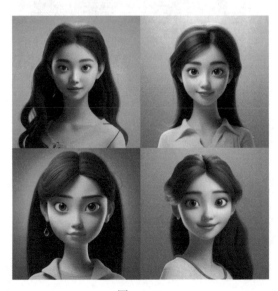

图　3-37

　　同样，选择你认为与原图最接近的即可，在这里，我们选择右上图（见图 3-38）。

图　3-38

　　想要查看使用 Midjourney 绘制的更多不同风格的头像，可以关注微信公众号"焱公子"（ID：Yangongzi2015），并在对话框内输入关键词**"AI 个性头像"**以获取。

实战演练

　　请基于你自己的照片，选择一种喜欢的风格，按照公式**"AI 生成个性头像 = 垫图 + 设置人物 + 设置风格 + 设置背景 + 设置图片参数"**，试一试生成自己的专属个性头像吧！

3.6　电商产品主图：货品上新，再也不用额外花钱拍摄主图了

　　🌫️ **本节提示**

　　对电商来说，产品主图的设计非常关键，将直接影响产品销量，甚至关乎平台审核。但要制作一张精美的产品主图，需要专业的灯光、摄影和一系列的后期制作，耗时耗力，成本也不低。本节将探讨如何使用 Midjourney 并配合后期处理，以更高效且接近零成本的方式，辅助电商

完成主图制作。通过 Midjourney 生成产品主图，可分为 3 步：上传产品图作为参考；设置想要跟产品融合的背景画面，生成背景；使用 PS 图像处理软件修正瑕疵和细节。

我们将这 3 步提炼为一个公式：

$$AI 生成电商产品主图 = 垫图 + 背景生成 + PS 修正细节$$

本节重点介绍与 Midjourney 相关的前两个部分。

制作产品主图是一个烦琐且经济投入较大的过程。按照常规做法，产品主图的制作涵盖了从计划、拍摄到后期处理等多个环节，每个环节都需要投入大量的时间和精力，不仅费时费力，还需要承担较大的经济成本。此外，由于整个过程较为复杂，也很容易出现问题或错误，进而对最终的主图质量和效果产生不良影响。

有了 AI 工具的助力，我们仅需几个简单的步骤，就能大幅降低前期的时间和成本投入。按照公式 AI 生成电商产品主图 = 垫图 + 背景生成 +PS 修正细节，就可以完成产品主图的制作。本节我们将主要演示前两个步骤。

1. 垫图

首先，需要给 Midjourney 上传一张自家的白底产品主图，作为后续垫图和融图（Midjourney 的 blend 功能）的参考素材。此处，以一张空气净化器图片作为示例。

因版权问题，这张空气净化器图片由 Midjourney 生成（见图 3-39）。

输入提示词：一台白色空气净化器，白色背景。

对应的英文提示词：*A white air purifier on a pure white background.*

图　3-39

2. 背景生成

作为电商主图，空气净化器的白底背景太素，因此需生成合适的背景图，然后再把产品融合进去。

为凸显空气净化器使用之后的清新感，我们把背景设置为郁郁葱葱的森林，森林里有大树、水流。再加上图片参数设置，我们得到如下提示词：

产品摄影，白色空气净化器，产品在森林中，茂密的大树，水流，清新时尚，简约，广告超现实，生活方式和简约，电影光效，高细节，高质量。

对应的英文提示词：*Product photography, white air purifier, product in forest, dense trees, water flow, fresh and stylish, minimalist, advertising surreal, lifestyle and minimalist, cinematic light effects, high detail, high quality.*

上传垫图（白底空气净化器）的链接，并在 Midjourney 对话框中输入提示词后，我们得到了下图（见图 3-40）。

图　3-40

　　我们可以看到，产品和背景融合度很高，构图和光线也没有问题。但问题是四张图里只有左上图与原图中的空气净化器外形相对较接近。

　　这个问题怎么解决呢？

　　目前我们使用的方案是用 PS 做后期处理（把图片中的空气净化器替换回原图），这样才能形成最终可用的成品。

　　在现阶段，Midjourney 虽然没有办法直接给出成品图，但不可否认它可以帮助普通职场人或不擅长设计的商家节省出用于前期筹备、实地拍摄的大量时间成本，实现降本增效。

　　另外，Midjourney 的 blend 功能也能将产品图和背景图合而为一。

　　我们换一个场景做演示，首先生成一张办公室的背景图（见图 3-41）。

图　3-41

　　然后，使用 Midjourney 里的 blend 功能，分别上传产品图和背景图（见图 3-42）。

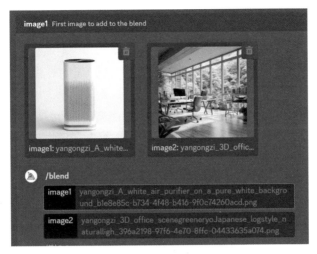

图　3-42

点击回车，就得到了下面这组图（见图 3-43 ）。

图　3-43

blend 功能的优点是可选择自己喜欢的背景与产品做融合，且不需要写
提示词，但缺点也源于此——没法阻止产品本身变形，细节处依然需要借助
PS 等专业工具做修正和调整。

实战演练

请挑选一款产品，按照公式"AI 生成电商产品主图 = 垫图 + 背景
生成 +PS 修正细节"，为它生成对应的产品主图吧！

3.7　3D 动画：一句话生成 3D 角色三视图，大幅降低画师工作量

本节提示

3D 角色三视图在很多领域都有非常重要的应用和价值，本节我们
将介绍其在实际项目中的作用和意义，以及如何利用 Midjourney 这一
神奇的工具，以更简便、高效的方式完成 3D 角色的三视图创作，实现
自己的创意。通过 Midjourney 生成高质量的 3D 角色三视图，可分为 5
步：设置三视图词；描述图片主体；设置想要的风格；设置图片背景；
设置相关图片参数。

我们将这 5 步提炼为一个公式：

AI 生成 3D 角色三视图 = 设置三视图词 + 明确主体 + 设置风格 +
设置背景 + 设置图片参数

3D 角色三视图作为角色设计的核心部分，在很多领域有着广泛且重要
的应用，比如动画制作、游戏开发、虚拟现实（VR）等领域。但在 AI 技术
出现前，创建 3D 角色的三视图是一个极为复杂和耗时的过程，需要涉及角
色设计、3D 建模、添加纹理材质等多个步骤和专业技能的运用。

整个过程不仅耗时耗力，而且操作门槛极高，通常需要多人合作完成，

因此成本也相对较高。而通过 Midjourney，我们不仅可以大大简化这个过程，而且能够大幅降低创作难度和成本，让更多非专业的普通人也能轻松参与进来。

使用 Midjourney 创建 3D 角色三视图并不复杂，只需要按照公式"AI 生成 3D 角色三视图 = 设置三视图词 + 明确主体 + 设置风格 + 设置背景 + 设置图片参数"，就可以撰写出完整的提示词，让 Midjourney 对应生成高质量的图片。

三视图词，通常可以这样写：全身展示；三视图；正视、侧视和后视。

主体，即你想要刻画的角色主体。比如一个可爱的 7 岁女孩、一只胖胖的卡通小兔子、一条凶猛的龙，等等。

风格，即你想要的角色风格。比如迪士尼、皮克斯、油画、赛博朋克，等等。

背景，即角色身处的环境。因为三视图要重点突出的是角色，所以通常都建议选择干净的背景或纯色背景。

图片参数，即与质量、光线、画幅等相关的一些设置。比如电影灯光效果、超高细节呈现、尺寸等。

下面我们来看两个案例。

案例 1：生成一个 7 岁男孩的 3D 角色三视图。

输入提示词：全身，生成三个视图，即前视图、侧视图和后视图，泡泡玛特的 7 岁可爱男孩，实体模型，盲盒玩具，光泽细腻，3D 渲染，oc 渲染，柔和的光线，精密机械零件，干净的背景，画幅 16：9，niji5 模型。

对应的英文提示词：*full body, generate three views, namely the front view the side view and the back view, 7-year-old cute boy by pop mart, solid model, blind box toy, glossy and delicate, 3D rendering, oc rendering, soft light, precision mechanical parts, clean background --ar 16 : 9 --niji 5.*

经过几轮刷新，我们得到了下面几组 3D 角色三视图作品（见图 3-44 ～图 3-46）。

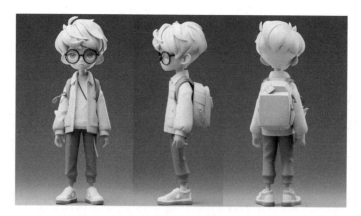

图　3-44

图　3-45

图　3-46

案例 2：生成中国龙的 3D 角色三视图。

输入提示词：全身，生成三个视图，即正视图、侧视图和后视图，红色的中国龙，可爱的画风，浓重的笔触，明亮，动漫，3D 渲染，发光体，柔和的光线，干净的背景。

对应的英文提示词：*full body, generate three views, namely the front view the side view and the back view, Red Chinese dragon, cute drawing style, heavy paint strokes, bright, anime, 3D rendering, luminous body, soft light, clean background --ar 16 : 9 --niji 5.*

经过刷新，我们得到了下面两组作品（见图 3-47、图 3-48）。

图　3-47

图　3-48

实战演练

请按照公式"AI 生成 3D 角色三视图 = 设置三视图词 + 明确主体 + 设置风格 + 设置背景 + 设置图片参数"，为孙悟空生成一个 3D 角色三视图。

3.8 模特人像：只需 5 分钟，每个商家都能拥有相片级虚拟模特人像图

本节提示

模特图在商务场合有着广泛的应用，但使用真人模特成本高昂。本节将详细演示如何使用 Midjourney 生成相片级虚拟模特人像图，帮助企业降本增效。通过 Midjourney 生成相片级虚拟模特人像图，可分为 5 步：设置人像摄影词；描述模特主体特征；描述模特所处背景画面；设置图片风格；设置相关图片参数。

我们将这 5 步提炼为一个公式：

AI 生成虚拟模特人像图 = 设置人像摄影词 + 描述主体 + 描述背景 + 设置风格 + 设置图片参数

1.虚拟模特对于企业的意义

模特作为品牌和产品的"形象代言人"，在商务推广中起着至关重要的作用。他们能够将产品和品牌的形象、气质和理念，以更直观、更具吸引力的方式展示给公众，促进产品的销售和品牌的推广。

随着 AI 技术的兴起，虚拟模特作为一种新兴的技术应用，相较于真人模特，可以为商家带来许多实际的好处和优势。首先，使用虚拟模特可以显著降低商家的成本，省去昂贵的模特费用、场地租赁费和摄影费用等支出。

其次，使用虚拟模特可以根据商家的具体需求进行精确调整，包括形象、动作和表情等，以满足不同场景和目的的需求，避免因人为因素导致的

不配合和误解。

此外，虚拟模特还能实现高度个性化定制，更加精准地匹配产品和品牌形象。商家可以根据产品特点和市场定位，设计和选择最契合的虚拟模特形象，从而增强产品的吸引力和说服力。

综上所述，虚拟模特为商家的产品推广和品牌营销提供了新的机遇和选择。商家可以根据自身的需求和市场策略，灵活运用虚拟模特，以真正实现降本增效。

2. 当前 AI 生成虚拟模特人像图的两个关键问题

借助 Midjourney，我们可以快速生成各类不同风格、样貌的模特人像，以适应不同场景下的需求。不过，有两个关键问题值得注意，这也是当前 AI 生成人像图片方面最普遍的两个问题。

（1）模板化。下面这 4 张 AI 生成的美女图片，是不是几乎长得一模一样？这类 AI 生成的图片在 AIGC 圈被统称为"**一眼 AI**"，看久了非常容易审美疲劳（见图 3-49 ）。

图　3-49

会出现这样的问题，首先是因为 AI 绘图工具的训练样本不够，尤其是针对亚洲面孔的训练样本缺失，这极易导致面孔雷同。

其次是因为提示词写得粗糙，比如只写"一个大眼睛的国风美女"，没有任何关于背景、参数方面的限制，所以出图效果不好。

（2）人物看起来不够真实。哪怕是已经做了精细设置，要求 AI 生成真实质感的人像，有时产出的作品看起来也依然不够真实。比如下面这张图片（见图 3-50 ）。

图　3-50

这是一张由 Midjourney 生成的图片，描绘了一个穿着华丽服饰的年轻美女站在古代宫殿里的场景。尽管颜色、构图和光影都很恰当，但还是显得不真实，而这正是 AI 生成图最大的问题所在：AI 在光线运用上表现得很完美，使得人物面部毫无瑕疵，再加上背景虚化夸张、人物动作死板，这些就导致人物看起来不够真实。

3. 使用 Midjourney 生成大师级虚拟模特人像图

要解决上述问题，需要在提示词中添加如下元素：

首先，开头要明确，这是专业人像摄影。

其次，对人物进行尽可能具体的描述，包含外貌（可以故意加上一点小瑕疵，比如雀斑）、着装、动作等。

再次，对背景、风格进行详细描述。

最后，非常关键的一点是，需要强调具体使用什么型号、什么镜头的相机进行拍摄，取消对比度设置，同时增加胶片颗粒度。

由于相机通常的拍摄尺寸是 3∶4，因此还需要把图片画幅也调整为 3∶4。

综上，我们就可以得出 Midjourney 生成相片级人像照片的公式：**AI 生成虚拟模特人像图 = 设置人像摄影词 + 描述主体 + 描述背景 + 设置风格 + 设置图片参数**。

下面基于公式，我们来做实例演示。

案例 1：生成挪威美女模特人像图。

输入提示词：专业人像摄影，一位身着冬装的挪威美女模特，金色波浪长发，美丽对称的脸庞，可爱自然的妆容，站在白雪皑皑的城市街道上，令人惊叹的现代城市高档环境，全长拍摄，照片逼真，阴影柔和，无对比，清晰锐利的焦点，使用索尼 A7IV 拍摄，适马 24mm f1.4，胶片颗粒，自然光，专业调色，画幅 3∶4。

对应的英文提示词：*professional portrait photograph of a gorgeous Norwegian beautiful model in winter clothing with long wavy blonde hair, beautiful symmetrical face, cute natural makeup, standing outside in snowy city street, stunning modern urban upscale environment, full length shot, photo-realistic, soft shadows, no contrast, clean sharp focus, shot on sony A7IV, SIGMA 24mm f1.4, film grain, natural lighting, professional color grading --ar 3 : 4.*

我们得到了下面一组挪威美女模特人像图（见图 3-51）。

图　3-51

有一个比较取巧的方法，即通过替换提示词中主体描述和背景描述两部分内容，同时保持其他部分不变，即可快速生成任何类型的模特。

案例 2：生成西班牙男模特人像图。

把主体描述和背景描述两部分描述替换为：

一位穿着蓝色西服、白色衬衫的西班牙男模特，卷发，帅气的脸庞，站在繁华的街道上，背后有一辆红色跑车。

很快，我们得到了一组帅气的西班牙男模特人像图（见图 3-52）。

图 3-52

案例 3：生成中国女模特人像图。

同样地，把主体描述和背景描述两部分描述替换为：

一位穿着黑色职业装的中国年轻女模特，大眼睛，美丽对称的脸庞，站在杭州西湖边。

我们又得到了一组美丽优雅的中国女模特人像图（见图 3-53）。

图　3-53

案例 4：生成童装小模特人像图。

如果想生成童装小模特人像图，就可以把**主体描述**和**背景描述**两部分描述替换为：

10 岁中国男孩模特，穿着红色短袖 T 恤，白色短裤，站在商场试衣间前。

于是，我们得到了一组活泼阳光的中国男孩模特人像图（见图 3-54）。

有了 Midjourney 这样能够快速生成各类模特图的工具，就有了无穷的可能性。我们可以把虚拟模特放入宣传册和相应的产品推广中，或是配合后期处理做服装展示……诸多可能性，留给有需求也有兴趣的读者自行探索尝试。

图　3-54

想要查看更多使用 Midjourney 绘制的精美模特人像图，可以关注微信公众号"焱公子"（ID：Yangongzi2015），并在对话框内输入关键词**"AI 模特人像"**以获取。

> **实战演练**
> 请按照公式**"AI 生成虚拟模特人像图 = 设置人像摄影词 + 描述主体 + 描述背景 + 设置风格 + 设置图片参数"**，生成你喜欢的模特人像图，并根据其具体的使用场景，完成相应的后续工作。

3.9 创意海报：塑造视觉语言，优化信息传达

 本节提示

海报作为一种典型而高效的视觉传达工具，在各个领域都有着广泛的应用。它能够快速、直观地传达信息，吸引观众的注意力。本节将详细演示如何使用 Midjourney 高效生成具有吸引力的创意海报。通过 Midjourney 生成高质量的创意海报，可分为 6 步：描述海报主题；描述海报相关元素；设置海报风格；设置海报背景画面；设置画幅比例；使用 PS 等工具进行后期排版。

我们将这 6 步提炼为一个公式：

AI 生成创意海报 = 描述主题 + 描述元素 + 设置风格 + 设置背景 + 设置画幅 + 排版

1. 吸引眼球的海报的 5 大要点

一张成功的海报必须能够迅速捕获观众的注意力，并清楚地传达其主要信息和目的。以下是创建吸引眼球的海报的 5 大要点，这些要点将帮助设计者制作出更具吸引力和影响力的海报。

（1）主题。海报的主题必须明确、突出，让观众一眼就能了解海报的主要信息和目的。

（2）颜色。在海报设计中，应选择与主题相协调且能引起观众注意的颜色。

（3）字体。应当选择能够保证信息的可读性，同时也与海报的整体设计风格相协调的字体。

（4）布局。一个合理的布局可以引导观众的视线，并使海报看起来更加整齐和协调。

（5）创意。在保证信息清晰传达的基础上，可以适量添加一些创意元素

来丰富海报的视觉效果。这些创意元素可以是独特的图形设计、艺术字体或其他视觉效果元素，能够使海报看起来更加有趣和吸引人。

综合运用以上要点，就可以制作出既能有效传达信息又具有较强视觉吸引力的海报，从而实现海报的设计目的和传达效果。在实际设计中，还可以根据具体需求和目标观众的需要来做更多的尝试和创新。

2. 使用 Midjourney 生成创意海报

下面进入实操环节，可按照公式"设置 AI 生成创意海报 = 描述主题 + 描述元素 + 设置风格 + 设置背景 + 设置画幅 + 排版"，来完成海报的制作。

公式中，除了"排版"，其他项都是构成 Midjourney 提示词的要素。"排版"主要包括图片的二次调整、字体的选择和排布，这些需要用到图片处理软件 PS 和排版软件。

接下来，我们以公益海报为例，来看看如何借助 Midjourney 生成创意海报。

案例 1：生成母亲节海报（创作目的是呼吁人们能多回家看看母亲）。

输入提示词：*母亲节海报，母亲和孩子的剪影，两人正遥望星空，幻想的星空，充满活力和生动的光的氛围，发光的背景，卡通矢量插图，虚拟引擎渲染，超高细节，画幅比例 9：16。*

对应的英文提示词：*Mother's Day poster, silhouette of a mother and child, the two are looking at the starry sky, fantasy starry sky, vibrant and vivid light atmosphere, glowing background, cartoon vector illustration, virtual engine rendering, ultra high details --ar 9：16.*

我们得到了下面这组图（见图 3-55）。

我们选择左上图作为海报背景图素材，再使用 PS 添加字体并做简单排版，就可以得到海报图（见图 3-56）。

如法炮制，就可以生成任意类型、任意风格的创意海报。

图　3-55

图 3-56

案例 2：生成旅行产品宣传海报。

输入提示词：一个可爱的小男孩和小女孩坐在车顶上，笑得很开心，背景是郊外，皮克斯风格，泡泡玛特风格，非常可爱的画风，明亮的色调，3D渲染，虚拟引擎渲染，超高细节，画幅比例 9∶16。

对应的英文提示词：*A cute boy and girl sitting on the roof of a car, laughing, the background is the countryside, Pixar style, Bubble Mart style, very cute drawing style, bright color palette, 3D rendering, virtual engine rendering, super high details --ar 9 : 16.*

　　我们得到了下面这组图（见图 3-57）。

图　3-57

　　我们选择左上图作为海报背景图素材，再使用 PS 添加字体并简单排版，就可以得到海报成片（见图 3-58）。

图　3-58

选择一种你喜欢的海报类型，或者一个你正需要完成的海报制作任务，按照公式"AI 生成创意海报＝描述主题＋描述元素＋设置风格＋设置背景＋设置画幅＋排版"，来轻松完成你的海报制作吧！

3.10　精彩插画：充满故事感的新奇表达

 本节提示

　　本节聚焦 AI 绘画的另一个重要应用场景：插画。很多领域都会涉及插画，但当前版本的 Midjourney 在绘制插画时，尤其是绘制前后关联的连续插画时，经常会遇到一些典型困难，导致出图质量不受控。使用 DALL·E 3，可以相对较好地解决这一问题。

　　通过 DALL·E 3 生成精彩插画，可分为 4 步：通过 ChatGPT 的自定义指令功能预设规则；生成主要角色的肖像；获取生成肖像的 seed（种子）值备用；基于 seed 值添加新的元素，做场景延伸。

　　我们将这 4 步提炼为一个公式：

DALL·E 3 创作连续插画 = ChatGPT 预设 + 生成角色肖像 +

获取 seed 值 + 场景延伸

1. Midjourney 在连续插画方面的劣势

　　插画作为一种强有力的视觉表达方式，广泛应用于各种不同领域，比如小说插画、影视分镜、新媒体内容、儿童绘本等。它能够丰富和美化文本内容，增强信息的表现力，同时也有助于更好地引导和吸引读者或观众的注意力。

　　作为当下 AI 绘图领域的佼佼者，Midjourney 在出图质量和风格、种类的丰富性方面，的确无出其右，但对于连续插画的绘制，它却有些力不从心。最大的难点体现在对于生成的角色，难以保证前后的一致性。

　　尽管 Midjourney 本身也提供了 seed 功能，即为每张生成的图片都配置了一个专属 ID，通过调用这个 ID，可以获得尽可能接近原图的图片，但实测效果证明，只要描述的场景发生改变，它对于人物的面貌特征就不能很好维持。

　　做个简单测试，请 Midjourney 生成一张年轻帅气的男性的图片（见图 3-59）。

图　3-59

　　提取这张图片的 seed 值，增加一个新的场景，输入提示词（见图 3-60）：
这个男子正坐在古代的酒馆里吃饭，附加 seed 信息。

　　我们得到了如图 3-61 所示的结果。

　　我们能明显看出，只有图片和着装风格基本得以维持，但人的样貌完全
改变了。所以，我们在这一节中会更建议大家使用 DALL · E 3 来生成插画。

图　3-60

图　3-61

2. 使用 DALL · E 3 创作精彩的连续插画

我们可以按照公式"DALL · E 3 创作连续插画 =ChatGPT 预设 + 生成角色肖像 + 获取 seed 值 + 场景延伸"，来完成连续插画创作。

（1）ChatGPT 预设。

虽然 DALL · E 3 也是随机出图，但它有一个目前所有绘图 AI 都不具备的巨大优势：它与 ChatGPT 集成在一起。这不仅意味着它"更能听懂人话"，创作者跟它的交流门槛更低，还意味着可以通过提前给 ChatGPT 预设规则的方式，使它的出图更可控。

ChatGPT 提供了一个"Custom instructions"（自定义指令）功能，允许用户在开启对话前预设规则。

此自定义指令分成上下两部分，上部分是用户提供给 ChatGPT 的信息，即相关背景。下部分是用户希望 ChatGPT 以什么样的方式做回应。

下面以**"辅助创作小说插画"**为例，演示如何完成这一设置。

撰写上下两部分的预设词：

我正在为我的小说作品创作插画。目前有一老一少两个女性角色和她们的角色描述。年少的叫田青儿，20 出头，长得非常美丽，大眼睛、皮肤白皙、瓜子脸，穿着青色的苗服和苗族百褶裙。年老的叫铁婆婆，大约 70 岁，满脸皱纹，有点驼背，常年穿着黑色斗篷。她俩相依为命，住在一个偏远的小村子里。

　　请使用精准的提示词为我创作小说插画，以便确保不同场景下角色的一致性不发生改变。你可以根据我的描述，自行添加细节，比如人物的表情、身处的环境、合适的灯光等，但务必确保人物的面貌保持不变。当我提到角色名称和场景描述时，请务必帮我转化为精准的提示词，并生成插图。图片风格默认为写实风格，同时，图片的尺寸始终设定为 16∶9。图片上不必出现任何文字信息。

　　ChatGPT 对英文的理解更精准，我们在撰写完后，可以将上述中文翻译为英文，再复制到自定义指令栏（部分截图见图 3-62）。

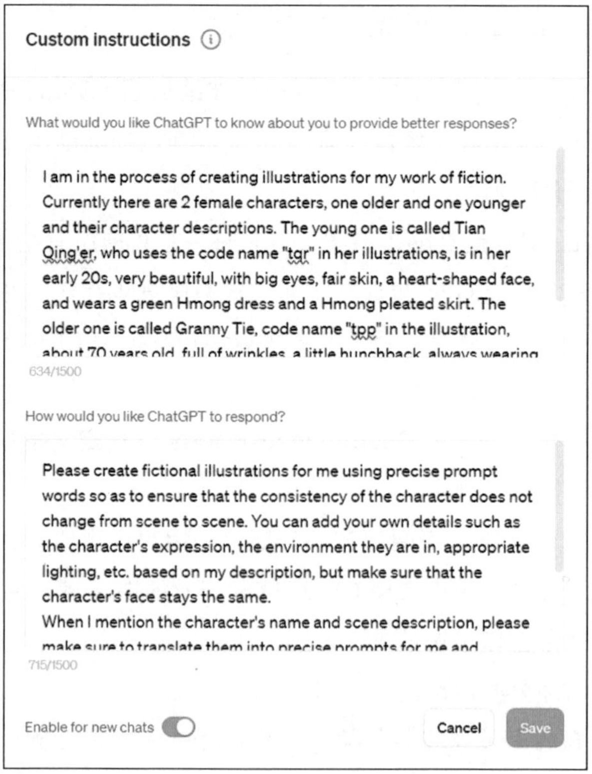

Custom instructions ⓘ

What would you like ChatGPT to know about you to provide better responses?

I am in the process of creating illustrations for my work of fiction. Currently there are 2 female characters, one older and one younger and their character descriptions. The young one is called Tian Qing'er, who uses the code name "tqr" in her illustrations, is in her early 20s, very beautiful, with big eyes, fair skin, a heart-shaped face, and wears a green Hmong dress and a Hmong pleated skirt. The older one is called Granny Tie, code name "tpp" in the illustration, about 70 years old, full of wrinkles, a little hunchback, always wearing

634/1500

How would you like ChatGPT to respond?

Please create fictional illustrations for me using precise prompt words so as to ensure that the consistency of the character does not change from scene to scene. You can add your own details such as the character's expression, the environment they are in, appropriate lighting, etc. based on my description, but make sure that the character's face stays the same.
When I mention the character's name and scene description, please make sure to translate them into precise prompts for me and

715/1500

Enable for new chats ⬤　　　　　　　　　Cancel　Save

图　3-62

同时打开"Enable for new chats"（可应用于新建聊天）按钮，点击
"save"（保存）。

（2）生成角色肖像。

新建一个 ChatGPT 的 DALL·E 3 模块，然后输入提示词：请描绘田青
儿的半身肖像，背景全白。

我们得到了下面两幅图（见图 3-63）。

图　3-63

选择全白背景是为了尽可能排除干扰，为下一步获取 Seed 值做准备。

（3）获取 seed 值。

输入提示词：请分别告诉我这两张图的 seed 值。

DALL·E 3 会立即给出两串数字，它们分别代表上述两张图的编号。我
们选第一个编号 2231805312，即选用第一张图（见图 3-64）。

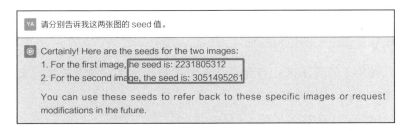

图　3-64

（4）场景延伸。

输入其他场景的提示词并附上 seed 值，DALL·E 3 会基于先前的自定
义预设和获取的 seed 值，来完成后续插图的绘制。

例如，输入场景 1 的提示词：田青儿站在河边看着远处的山，表情若有
所思，侧面，全身，seed=2231805312。

我们得到了下图场景延伸 1（见图 3-65）。

图　3-65

输入场景 2 的提示词：田青儿走在热闹的集市上，全身像，面容清冷，
有一种拒人于千里之外的气质，seed=2231805312。

我们又得到了下图场景延伸 2（见图 3-66）。

输入场景 3 的提示词：田青儿站在茂密的竹林里，双手横握一支绿色的
竹笛放在嘴边，seed=2231805312。

我们得到了下图场景延伸 3（见图 3-67）。

图　3-66

图　3-67

由上可知，虽然在细节上尚有小瑕疵，但 DALL·E 3 无论是对语义的理解，还是在人物风格、画面的统一上，都表现得可圈可点。最关键的是，只需要完成一次预设和获取 seed 值，之后全是自然语言的简单对话，操作门槛比 Midjourney 低很多。

想要查看更多使用 DALL·E 3 绘制的精彩插画，可以关注微信公众号"焱公子"（ID：Yangongzi2015），并在对话框内输入关键词**"AI 插画"**以获取。

> 🖐 **实战演练**
> 　请你试一试，使用 DALL·E 3 创建一组 8 页的儿童绘本插画。主角是一个 7 岁的可爱卷发小男孩和一只小金毛犬。按照公式"DALL·E 3 创作连续插画 =ChatGPT 预设 + 生成角色肖像 + 获取 seed 值 + 场景延伸"，来完成你的绘本挑战吧！

| 第 4 章 |

综合运用 AI 技术，充分扩展无穷可能性

AIGC 是当前人工智能技术的一个重要发展方向，主要包括 AI 生成文字、AI 生成图片、AI 生成视频等几个方面。这些技术的出现，不仅推动了创意产业的变革，也为多个行业提供了创新的工具、思路和解决方案。

在前 3 章内容中，我们主要基于当下主流的 AIGC 工具 ChatGPT、Midjourney 和 DALL·E 3，介绍了它们在生成文字、处理表格数据和生成图片方面的运用。这也是当下 AIGC 最主要、最成熟的运用方向。

在本书的最后一章，我们将尝试尽可能多地为大家拓展 AI 使用的边界与可能性，内容会涉及数字人创建、视频制作、新媒体内容制作以及 AI 工具的定制，以满足任何特定场景下的特定需求。

这些或许并非职场上常见的场景，也并非所有人都会用到，但正如本书导读里所提到的，我们并不希望你只把本书当作一本纯粹的 AI 工具指导书，而是更希望你把它看作一本 AI 时代必备的思维启蒙书。

因为，AI 的运用场景实在太多，但限于篇幅及作者个人非常有限的学识，我们做不到一一穷举，只能通过更多实际场景的演示，给读者带来更多思维上的启发。

我们相信，只有真正领悟、构建出适合自己的 AI 思维框架，才能够更随心所欲地发掘出更多的玩法和使用场景，从而在 AI 的帮助下，解决更多

实际的问题。

想要了解更多 AI 技术应用场景的案例，可以关注微信公众号"焱公子"（ID：Yangongzi2015），并在对话框内输入关键词**"AI 扩展"**以获取。

4.1　数字人：镜头恐惧者的福音，零基础也能玩转数字人

 本节提示

　　数字人技术的兴起，为许多领域带来了革命性的变革。无论是品牌推广、客户服务、在线教育，还是社交媒体内容创作，数字人都可以在各种场景中发挥关键作用。对那些面对镜头感到恐惧或不自在的人来说，数字人也提供了一个理想的替代方案。本节将演示如何利用腾讯智影、剪映、KreadoAI 来轻松创建数字人。

　　通过腾讯智影生成数字人，我们提炼出如下公式：

**腾讯智影生成数字人 = 选择数字人形象 + 输入播报文本 +
选择音色 + 调整画面 + 合成数字人视频**

　　通过剪映生成数字人，我们提炼出如下公式：

**剪映生成数字人 = 导入视频 + 创建字幕 / 文案 +
选择数字人合成视频 + 调整画面**

　　通过 KreadoAI 生成数字人，我们提炼出如下公式：

**KreadoAI 生成数字人 = 上传照片 + 输入文本 + 选择声音 +
调整画面 + 合成数字人视频**

　　数字人，又称为虚拟人，是当代技术革新的产物。它们在现实世界中以虚拟形态存在，其本质是由先进的 AI 技术驱动的。这些虚拟人物不仅在外观上酷似真人，在行为、语言甚至情感表达上也力求高度真实。

　　数字人技术，作为一种创新技术，正在逐渐改变现代职场的工作方式和人际互动方式。比如在远程会议、客户服务、在线培训、产品展示等场景中，都可以通过使用数字人技术，提高工作效率，为员工带来全新的工作体验。

使用 AI 工具创建的数字人主要分两种。一种是定制型，即需提前采集真人形象、声音和动作神态，进行大量训练，生成和本人几乎一致的虚拟形象。另一种是通用型，即相应平台提供固定的几款预设数字人形象和声音，供用户基于不同场景做选择，部分平台也支持基于图片或 3D 形象来生成相应的数字人。

前者费用昂贵，耗时也长，后者很多平台都可免费制作，制作时间也很短。由于本书主要面向普通职场人，而非专业人士，所以本节主要以演示后者的创建为主。

目前国内外都有很多工具可以快速创建通用数字人，比如国外有HeyGen、D-ID，国内有腾讯智影、剪映、KreadoAI 等。接下来，我们分别用腾讯智影、剪映和 KreadoAI 来演示如何创建一个数字人，读者可根据自身需求和喜好，选择不同的平台。

1. 腾讯智影创建数字人

使用腾讯智影创建数字人，可按照公式：**腾讯智影生成数字人 = 选择数字人形象 + 输入播报文本 + 选择音色 + 调整画面 + 合成数字人视频**。具体步骤如下。

（1）访问腾讯智影主页（https://zenvideo.qq.com）并登录（见图 4-1）。

图　4-1

（2）点击"**数字人播报**"，选择数字人形象。目前腾讯智影提供了 4 款免费形象，两男两女，带 VIP 字样的需要付费才能获取（见图 4-2）。

图　4-2

（3）输入播报文本，即希望数字人播报的内容。输入播报文本有两种方式，直接输入文字和导入音频（见图 4-3）。

图　4-3

（4）选择音色。可根据个人喜好与文本内容，选择适合的音色，同时设置语速。腾讯智影也支持付费定制专属音色（见图 4-4）。

图　4-4

（5）调整画面。调整内容包括画面比例、背景、是否显示字幕、字体字号等（见图 4-5）。

图　4-5

（6）合成数字人视频。点击"合成视频"，在弹出的页面里选择相应设置，视频会保存到"我的资源"中（见图 4-6、图 4-7）。

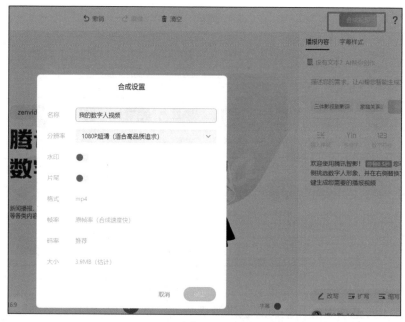

图　4-6

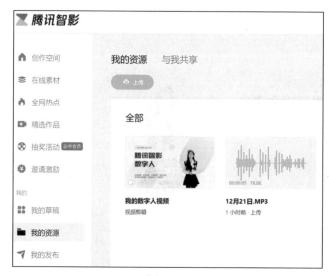

图　4-7

按照以上步骤，即轻松创建了一个数字人视频。

2. 剪映创建数字人

使用剪映创建数字人，可遵循公式：剪映生成数字人 = 导入视频 + 创建字幕 / 文案 + 选择数字人合成视频 + 调整画面。具体步骤如下。

（1）打开剪映（专业版），选择"开始创作"（见图 4-8）。

图　4-8

（2）导入视频。点击"导入"，将需要的视频素材导入剪映（见图 4-9）。

图　4-9

（3）创建字幕 / 文案。将导入的视频拖入下方轨道，点击左上角"文本—新建文本"，输入你想要的字幕或文案内容。此处作为示例，我们导入的是下雨时的空镜视频，并输入文字（见图 4-10）：大雨滂沱时，我又一次想起了你。

图　4-10

（4）选择数字人合成视频。点击上一步输入的文字，在右侧选择"数字人"标签，选定一个数字人后，点击"添加数字人"。这一步即把数字人、音频和背景视频进行合成（见图 4-11）。

图　4-11

（5）调整画面。基于需求和个人审美，可对上一步合成的视频做相应的优化调整，比如调整数字人所在位置或大小、隐藏字幕、更换背景等（见图 4-12）。

图　4-12

符合要求后，即可点击"导出"，生成想要的数字人视频。

与腾讯智影在线生成数字人相比，剪映可直接在本地电脑上操作，支持的文本输入长度更长，画面也更方便调整。

3. KreadoAI 创建数字人

KreadoAI 是一家专注于 AI 数字营销的创作平台，它支持用两种方式创建两种数字人：真人数字人和照片数字人。其中，创建真人数字人的步骤与腾讯智影类似，因此此处我们主要演示第二种方式，基于上传的照片生成相应的数字人。

使用 KreadoAI 创建照片数字人，可遵循公式：KreadoAI 生成数字人＝上传照片＋输入文本＋选择声音＋调整画面＋合成数字人视频。具体步骤如下。

（1）访问 KreadoAI 主页（https://www.kreadoai.com）并登录（见图 4-13）。

图 4-13

（2）点击"照片数字人口播"，上传照片。此处为规避版权风险，我们采用第 3 章中由 Midjourney 生成的虚拟美女头像作为示例（见图 4-14）。

图 4-14

（3）输入文本。KreadoAI 同样支持两种输入方式，直接输入文字（文本驱动）或导入音频（音频驱动）。

（4）选择声音，包括语言、音色及风格等。既可根据个人喜好与文本内容，选择适合的音色，也可付费定制专属音色（见图 4-15）。

图　4-15

（5）调整画面。调整内容包括画面比例、背景等（见图 4-16）。

图　4-16

（6）合成数字人视频。以上步骤完成后，即可点击"生成视频"。生成的视频可在"我的项目"中查看及下载（见图4-17）。

图　4-17

实战演练

现在，选择一个你更心仪的工具，使用上述步骤来创建你自己的数字人，让它为你代言吧！

4.2　视频制作：一张图、一句话，1 秒生成精彩视频

本节提示

数字化时代，视频已成为传达信息的重要方式，在职场中，它的作用也日益显著。不管是 PPT 汇报、产品推广还是公司品牌宣传，一条优质的视频都能迅速吸引眼球，获得更多关注。本节将演示如何使用 AI 视频制作工具 Gen-2 快速生成精彩视频，以远低于常规视频制作成本的方式，获得同样的宣传效果。

使用 Gen-2 生成视频有两种方式。第一种是基于提示词，即文本生成视频，我们提炼出如下公式：

> AI 制作视频 = 输入提示词 + 设置视频参数 + 生成视频
>
> 第二种是基于图片，即图片生成视频，我们提炼出如下公式：
>
> AI 制作视频 = 上传图片 + 设置视频参数 + 生成视频

随着 AI 技术的不断进步，AI 除了能够用于制作文字与图片，在视频制作方面也取得了重大突破。跟传统的视频制作相比，AI 生成视频有着显著的优势。

首先是**效率提升**。显而易见，通过 AI 生成视频，效率大幅提高。除了无须实景拍摄，传统视频制作所需的剪辑、调色、声音处理等后期步骤，通过 AI 都能一键完成。

其次是**成本降低**。AI 技术在视频领域的应用，也显著减少了对昂贵的专业视频制作资源、器材的依赖。对小型企业或个人创作者而言，这意味着即使预算有限，也能制作出高质量的视频。

最后是**易于上手**。目前，市面上的几款主流 AI 视频制作工具的操作界面都非常简洁直观，仅需输入简单的提示词或者一张图片，就可以生成视频。即便是没有视频制作经验的人，也能够快速上手。

当然，不可否认，当前 AI 生成视频还存在很大的局限。首先，**质量存在波动**，在处理复杂场景时，现阶段 AI 生成的画面质量还不够稳定，细节上经常出现错漏，比如人物细微的表情神态、手部细节等。其次，**时长较短**。目前，主流的 AI 视频生成工具一次性生成的视频往往只有数秒。比如 pika 只能生成 3 秒长的视频，在本节中作为演示工具的 Gen-2 也只能生成 4 秒长的视频。如果想要生成数分钟甚至更长时间的视频，需要让 AI 连续生成多段视频后，再进行后期拼接。最后，**理解能力有限**。现阶段的 AI 视频制作工具对语义的理解还相对有限，如果输入的提示词过于复杂，可能会导致它无法准确理解，进而生成令人啼笑皆非的错误视频画面。

了解当前 AI 生成视频的优势与局限，能让我们在提升效率、丰富创意的同时保持清醒与批判性，不会过分依赖 AI。当然，随着 AI 技术的不断发展和完善，相信上述提到的局限一定会逐步改善，AI 在视频制作方面的应用也将更加广泛和深入。

下面，我们将演示如何通过当下主流的 AI 视频制作工具 Gen-2 来生成精彩视频。目前 Gen-2 有两种视频生成方式，一种是基于文本生成，另一种是基于图片生成。我们分别来演示这两种视频生成方式。

1. 文本生成视频

这种方式与 Midjourney 通过提示词生成图片非常相似，可按照公式：AI 制作视频 = 输入提示词 + 设置视频参数 + 生成视频。

（1）访问 Gen-2 官网（https://runwayml.com/ai-magic-tools/gen-2），注册并登录。这里，我们推荐使用 Google 邮箱注册（见图 4-18）。

图　4-18

（2）登录后，在主页选择 "从文本开始"（见图 4-19）。

（3）输入提示词。比如，输入（见图 4-20）：一只在草地上奔跑的金毛犬。对应的英文提示词：*A golden retriever running in the grass.*

（4）设置视频参数。目前 Gen-2 可对画面尺寸、相机运动轨迹、视频生成的角度、画面风格等进行设置。此处我们先保持默认值。

图　4-19

图　4-20

（5）**生成视频**。点击"生成"按钮，等待约 1 分钟后，即得到了如下金毛犬奔跑的视频，时长为 4 秒（见图 4-21）。

图　4-21

　　如果对生成的视频不满意，可以继续调整，重新生成。比如，在"添加样式"处选择"3D 卡通"，重新生成一遍（见图 4-22）。

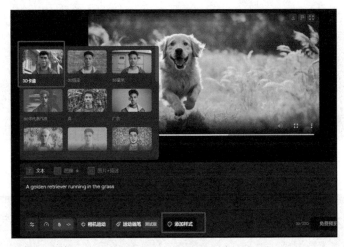

图　4-22

　　等待约 1 分钟后，即得到了一只奔跑的卡通金毛犬（见图 4-23）。

图　4-23

2.图片生成视频

　　接下来，演示如何用图片生成视频。可按照公式：AI 制作视频 = 上传图片＋设置视频参数＋生成视频。

（1）上传图片。你可以上传任意一张你希望转化成视频的图片，此处为确保版权无问题，我们选择用 Midjourney 来生成上传的图片。在 Midjourney 中输入提示词：一个汉堡包的特写，看起来令人垂涎欲滴。对应的英文提示词（见图 4-24）：*A close-up of a hamburger that looks mouth-watering.*

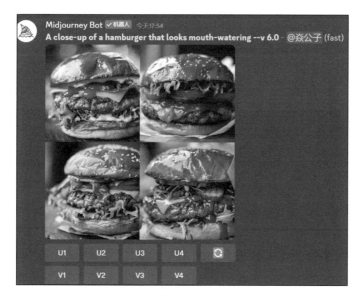

图　4-24

选择右下的汉堡包图片，回到 Gen-2 的主页，选择"从图像开始"，上传这张图片（见图 4-25、图 4-26）。

图　4-25

图　4-26

（2）**设置视频参数**。此处我们把"通用运动"由默认的 5 调整为 10，这意味着生成的视频当中，主体运动的幅度会更大。实际操作时，需要根据具体场景来设置（见图 4-27）。

图　4-27

（3）**生成视频**。点击"生成"按钮，等待约 1 分钟后，即得到了一个动态的汉堡包特写视频，时长为 4 秒（见图 4-28）。

Gen-2 同时还提供 **"图片 + 描述"** 的生成方式，以便加强控制性，让生成的视频更符合预期。比如，现在我们希望它"燃烧起来"，可以在对话框内输入描述（见图 4-29）：*Burning Hamburger*（燃烧的汉堡包）。

点击"生成"按钮，等待约 1 分钟后，便得到了下面带着火苗的汉堡包视频（见图 4-30）。

图　4-28

图　4-29

图　4-30

实战演练

请以文本生成视频的方式，按照公式"AI 制作视频 = 输入提示词 +
设置视频参数 + 生成视频"，或者以图片生成视频的方式，按照公式
"AI 制作视频 = 上传图片 + 设置视频参数 + 生成视频"，生成你想要的
视频画面吧！

4.3　小红书："种草"笔记交给 AI，频出爆款

 本节提示

要写好小红书"种草"（给人安利一件商品，激发对方的购买欲望）
文案，我们需要先充分了解该平台文案的要求和特点。经过调研与实
战，我们总结了一个公式：

AI 生成小红书"种草"文案 = 吸睛的开头 + 满屏的表情包 +
文末一大堆标签

基于此公式，就可以训练 ChatGPT 生成格式及风格特点完全符合
的文案了。

同时，为了让内容更加生动、贴切，也更具爆款潜质，我们还可以
提前输入对标的爆款笔记供 ChatGPT 学习、仿写，进而快速得到满意
度高的文案。

小红书是近几年内发展非常迅速的社交电商平台，被称为中国的
Instagram。它集内容分享、社交和购物于一体，吸引了大量的年轻用户，尤
其是年轻女性用户。根据 QuestMobile 的调查数据，截至 2023 年 9 月，小红
书的月活用户数已经达到 1.99 亿，其中女性用户占比达到了 67.8%。相比其
他同类型的平台，小红书的用户更加关注流行元素，更容易被"种草"，也
拥有更高的付费意愿，因此小红书也越来越受到广大电商的重视和青睐。

我们先来了解两个与小红书紧密相关的词：小红书笔记、"种草"文案。在小红书平台上，所有发布的内容都称为"笔记"，每一条内容都可包罗万象。而"种草"文案，则是笔记中的一个类型，专用于推荐、推广好物。

随着电商领域的竞争加剧，想要在小红书上更好地获得流量、吸引用户关注，最终成功"种草"甚至成交转化，就必须将笔记内容写出独属于小红书的风格。下面，我们就来演示如何利用 ChatGPT，辅助生成吸引人的小红书"种草"文案。

首先，我们做一个基础测试：以一款耳机为例，姑且称其为"小度耳机"。不给任何多余提示，我们给 ChatGPT 输入提示词：请使用小红书"种草"文案的风格，帮我写一条关于"小度耳机"的文案。

以下是 ChatGPT 迅速生成的内容（见图 4-31）。

> YA　请使用小红书"种草"文案的风格，帮我写一条关于"小度耳机"的文案。
>
> 亲爱的们，来让我为你们"种草"一款可以颠覆你们生活的好物——小度耳机！它不只是一款普通的耳机，它还是你的音乐仙子，是你的生活助手，是你探索声音世界的最佳伙伴。
>
> 小度耳机的音质，就像是有位音乐大师在你耳边低声细语，无论是深沉的低音还是激昂的高音，都能给你带来无与伦比的听觉享受。你会被它的音效所震撼，感觉自己仿佛置身于音乐会现场。
>
> 不只如此，小度耳机的智能功能也让我着迷。它配备了先进的 AI 语音助手，只要轻轻一句话，无论是查询天气、设定闹钟还是打电话，都能轻松完成。它就像你的私人助手，总在你身边，随时随地为你提供帮助。
>
> 最重要的是，小度耳机的佩戴舒适度超出你的想象。超轻的重量，人体工学的设计，让你几乎忘记它的存在。就算是长时间使用，也不会有任何压力感。
>
> 而且现在的你，只需几百元，就可以拥有这款集高音质、高舒适度和智能于一身的小度耳机。信我，这绝对是你的音乐生活中不可或缺的一部分。不管你是音乐爱好者，还是对生活有着极高品质追求者，它都能满足你的需求。
>
> 赶快行动起来，让小度耳机成为你生活中的新喜好吧！你的耳朵会感谢你的，你的生活品质也会因此而提升。让我们一起，用小度耳机，感受音乐的魅力，享受智能的便捷，向更美好的生活进发！

图　4-31

文案虽然较完整，但中规中矩，也毫无小红书"种草"文案的特点。不过，这是能够预料到的结果。

既然要抓住特点来写，那么就需要先了解小红书"种草"文案的特点。在拆解了上千条爆款笔记之后，我们发现，小红书"种草"文案都带有几个显著特征：**吸睛的开头、满屏的表情包以及文末有一大堆标签。**

基于此，我们可以把提示词换一种写法：

请帮我为“小度耳机”写一条小红书“种草”文案，该平台的用户喜欢看 Emoji 风格的文本，其特点是标题非常吸引人，每一段中均带有表情符号，并且结尾处带有相关标签。

很快，ChatGPT 就给出了一篇全新文案（见图 4-32）。

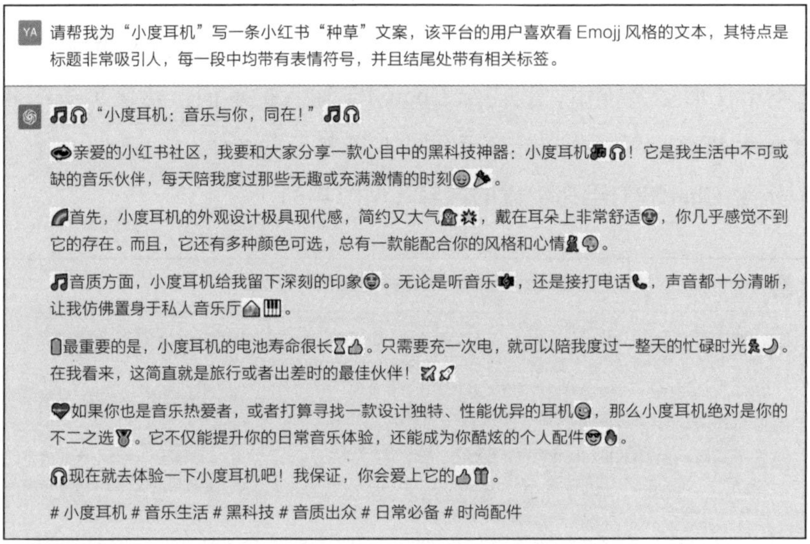
YA 请帮我为“小度耳机”写一条小红书“种草”文案，该平台的用户喜欢看 Emojj 风格的文本，其特点是标题非常吸引人，每一段中均带有表情符号，并且结尾处带有相关标签。

“小度耳机：音乐与你，同在！”

亲爱的小红书社区，我要和大家分享一款心目中的黑科技神器：小度耳机！它是我生活中不可或缺的音乐伙伴，每天陪我度过那些无趣或充满激情的时刻。

首先，小度耳机的外观设计极具现代感，简约又大气，戴在耳朵上非常舒适，你几乎感觉不到它的存在。而且，它还有多种颜色可选，总有一款能配合你的风格和心情。

音质方面，小度耳机给我留下深刻的印象。无论是听音乐，还是接打电话，声音都十分清晰，让我仿佛置身于私人音乐厅。

最重要的是，小度耳机的电池寿命很长。只需要充一次电，就可以陪我度过一整天的忙碌时光。在我看来，这简直就是旅行或者出差时的最佳伙伴！

如果你也是音乐热爱者，或者打算寻找一款设计独特、性能优异的耳机，那么小度耳机绝对是你的不二之选。它不仅能提升你的日常音乐体验，还能成为你酷炫的个人配件。

现在就去体验一下小度耳机吧！我保证，你会爱上它的。

小度耳机 # 音乐生活 # 黑科技 # 音质出众 # 日常必备 # 时尚配件

图 4-32

读完新文案，你是不是瞬间就感觉像那么回事了？其实，这只解决了格式和形式问题，内容依然略显刻板枯燥、过于理性。

此时就需要进行第二步：**借鉴和仿写。**

我们上小红书平台随便搜索几条关于“耳机”的“种草”笔记，选择其中一条点赞数过万的高阅读量文案，输入 ChatGPT，让它学习（见图 4-33）。

输入提示词：我给你一条参考文案，请你仿照这条文案的语气和风格，再重写一条。请注意：只是参考格式，不要复制别人的内容。另外，有一些表情符号无法复制进来，请你根据文案自行添加。

这个蓝牙耳机拯救了我的耳朵！对放假在家、一天追剧 8 小时的我来说，太友好，直接夹在耳朵上就可以使用～戴久了耳朵也不会胀胀的。奶油色系也是我的心头爱。因为也是运动耳机，晨跑时戴着不会掉。准备给喜欢骑行的男友入同款黑色的。开放式音效，在室外不至于戴上后听不到外界的声音♫♫安全感满满 UP!!

#骨传导耳机#蓝牙耳机#无线耳机#运动耳机#高颜值耳机#运动耳机#耳机分享达人#耳机分享#平价蓝牙耳机#蓝牙耳机推荐#运动必备耳机#好物分享#金运蓝牙耳机。

> YA 我给你一条参考文案，请你仿照这条文案的语气和风格，再重写一条。请注意：只是参考格式，不要复制别人的内容。另外，有一些表情符号无法复制进来，请你根据文案自行添加。
>
> 这个蓝牙耳机拯救了我的耳朵！
> 对放假在家、一天追剧📺8 小时的我来说，太友好
> 直接夹在耳朵上就可以使用～戴久了耳朵也不会胀胀的
> 奶油色系也是我的心头爱
> 因为也是运动耳机，晨跑时戴着不会掉
> 准备给喜欢骑行的男友入同款黑色的
> 开放式音效，在室外不至于戴上后听不到外界的声音♫♫
> 安全感满满 UP!!
> #骨传导耳机#蓝牙耳机#无线耳机#运动耳机#高颜值耳机#运动耳机#耳机分享达人#耳机分享#平价蓝牙耳机#蓝牙耳机推荐#运动必备耳机#好物分享#金运蓝牙耳机

图 4-33

同时，我们特别提示它：**不要照搬别人的内容，只是参照格式。**

接下来，见证奇迹的时刻到了。以下是 ChatGPT 学习之后输出的"种草"笔记，与之前的"种草"笔记相比有了质的飞跃（见图 4-34）。

> 🔵 哇！这个无线耳机真的让我爱不释手啊！🖤
> 对我这种工作日每天需要接听数十个电话📱的上班族来说，真是太贴心了！🎧
> 轻轻一戴，耳朵既不会感到紧绷，也不会出现不适的情况～戴久了也不会疼痛😌
> 深沉的黑色配色，充满了未来科技感🖤，让我欲罢不能！
> 而且它的防水设计，即使出汗也不会有任何问题💦，跑步时戴着也不会掉🏃
> 正打算给喜欢瑜伽的女友买一款白色的，她一定会喜欢🧘‍♀️
> 采用降噪技术，却也不会完全隔绝外界声音🔇，让人倍感安心🛡️
> 用它，我的工作效率大大提高！🚀我已经离不开它了！
> #无线耳机#蓝牙耳机#商务耳机#防水耳机#科技感满满#运动耳机#耳机爱好者#耳机推荐#高效办公#商务必备耳机#好物推荐#黑色科技耳机

图 4-34

　　一条极具小红书特点的"种草"文案就应运而生了。不得不说，ChatGPT 的学习很有成效。

　　想要查看更多使用 ChatGPT 生成的小红书文案，可以关注微信公众号"焱公子"（ID：Yangongzi2015），并在对话框内输入关键词"AI 小红书"以获取。

 实战演练

　　现在，赶紧打开 ChatGPT，使用公式"AI 生成小红书'种草'文案 = 吸睛的开头 + 满屏的表情包 + 文末一大堆标签"，为你想推荐的好物写一条"种草"文案吧！说不准，下一条爆款文案就是它了！

4.4　抖音：只需 4 步，高效生成短视频文案

本节提示

　　抖音是当下最火的短视频平台，拥有非常庞大的用户群体。它对大部分企业，尤其是期望从线下向线上转型、开拓新渠道的企业而言，战略意义重大。但持续创作优质的短视频文案并非易事，借助 ChatGPT，我们可以有效降低这一门槛，帮助职场人更高效地批量生成抖音短视频文案。

　　使用 ChatGPT 生成抖音短视频文案，可分为 4 步：明确具体的创作目标；描述相关的背景信息，比如受众、主题、所处赛道等；明确输出的具体要求；在 ChatGPT 生成的初稿基础上，不断进行调整和优化。

　　我们将这 4 步提炼为一个公式：

　　　　AI 生成抖音短视频文案 = 明确创作目标 + 描述背景 +
　　　　　　　　　明确输出要求 + 调优改进

　　根据 QuestMobile 的数据，截至 2023 年 9 月，抖音的月活用户数已经达

到 7.43 亿人，同比增长 5.1%，稳居短视频平台第一阵营。该平台 20 ~ 30 岁年轻用户居多，这部分用户消费观念强、消费频率高、付费意识明显，对诸多商家而言是高质量的精准流量来源。

另外，抖音的智能推荐算法能够将内容精准推送给感兴趣的用户，帮助企业实现更加精准的市场定位。同时，它鼓励用户互动，包括点赞、评论和分享，这也增加了企业与用户之间的互动机会，对于企业开展营销推广活动非常有效。

尽管抖音短视频内容五花八门，但那些能够引发用户疯狂点赞、积极转发的爆款短视频，其文案往往具备以下 5 个显著的共通之处。

（1）**拥有引人入胜的开头**。爆款短视频往往都满足"黄金 3 秒"原则，即开头 3 秒就能牢牢抓住用户的眼球，引发他们的好奇，吸引他们接着往下看。

（2）**短内容 + 高密度**。抖音短视频时长通常在 3 分钟以内，甚至有不少爆款短视频时长小于 1 分钟。如此短的时长要让用户有足够的获得感，必须尽可能做到让每一句话都包含高密度的信息点。

（3）**简洁直接**。为了吸引用户有限的注意力，抖音短视频通常直接给出核心观点，省略冗余复杂的分析过程，确保快节奏的信息传达。

（4）**轻松有趣**。抖音是泛娱乐平台，不论什么领域，短视频文案都应避免过于正式或严肃，尽可能采用轻松有趣的方式呈现，以吸引观众的兴趣。

（5）**口语化**。文案口语化表达，避免书面语的生硬感，可使内容显得更自然、亲切，更易被观众接受。

基于上述抖音爆款短视频文案的共通之处，按照公式"AI 生成抖音短视频文案 = 明确创作目标 + 描述背景 + 明确输出要求 + 调优改进"，我们可以很快通过 ChatGPT 生成符合预期的短视频文案。

明确创作目标，即明确要**"创作一条抖音短视频文案"**。

描述背景，即描述与该文案相关的信息，包括所处赛道、目标受众、视频主题等。

明确输出要求，即明确对该文案内容有何具体要求。比如风格要求，是专业风格、轻松诙谐风格还是温暖疗愈风格；时长要求，是 1 分钟、2 分钟还是更长时间；形式要求，是口播、Vlog（视频博客）还是二次创作等。

基于上述 3 步，我们以一名自媒体美食博主为例，可以这样撰写提示词（见图 4-35）：

我是一名短视频自媒体美食博主，现在要做一期视频。**（明确创作目标）**

我想吸引非常注重健康饮食的白领人群，主题是"专为白领定制的减脂餐，好吃、健康又不贵"。**（描述背景）**

视频形式以口播为主，发布在抖音平台上，视频画面主要为我一个人的口播讲解，可穿插一些食材搭配、制作出来的食物成品图片等，视频时长不超过 2 分钟。要求文字简洁明了，能够吸引精准的目标用户。**（明确输出要求）**

请你根据以上信息，帮我写一篇短视频文案脚本。

> **YA You**
> 我是一名短视频自媒体美食博主，现在要做一期视频。
> 我想吸引非常注重健康饮食的白领人群，主题是"专为白领定制的减脂餐，好吃、健康又不贵"。
> 视频形式以口播为主，发布在抖音平台上，视频画面主要为我一个人的口播讲解，可穿插一些食材搭配、制作出来的食物成品图片等，视频时长不超过 2 分钟。要求文字简洁明了，能够吸引精准的目标用户。
> 请你根据以上信息，帮我写一篇短视频文案脚本。

图 4-35

ChatGPT 迅速给出了以下文案脚本（见图 4-36）。

从图 4-36 中我们可以看出，文案的结构算是比较完整的，ChatGPT 还基于时间做了分镜设计。但从生成的内容来看，还是相对平淡的，此时就要进入我们的第 4 步：**调优改进**。

比如，现在我们觉得文案的开头比较平淡，可以要求 ChatGPT 对开头做进一步优化。参考提示词如下（见图 4-37）：请按照短视频"黄金 3 秒"原则，对开头部分进行优化。去掉自我介绍部分，直接将痛点前置。比如将白领人群因工作繁忙不得不经常吃垃圾食品的现状放大，以此快速吸引用户的注意力。

ChatGPT
当然可以，以下是一份针对您的短视频自媒体内容的文案脚本，主题是"专为白领定制的减脂餐，好吃、健康又不贵"。这个脚本适用于在抖音平台上发布的不超过 2 分钟的视频，以口播为主，可以穿插食材搭配和成品展示的画面。

【开场】
0:00 ～ 0:05
- （镜头对准您）"大家好，我是 [您的名字]，今天给大家带来的是专为忙碌的白领设计的减脂餐，健康、美味，还超级经济哦！"

【食材介绍】
0:06 ～ 0:20
- （镜头展示食材）"我们今天的主角是这些新鲜的食材：低脂鸡胸肉、蔬菜沙拉，还有全麦面包。"
- "这些食材不仅营养均衡，还特别适合减脂。"

【制作过程】
0:21 ～ 1:10
- （镜头展示制作过程）"首先，将鸡胸肉简单调味，然后用橄榄油轻轻煎至金黄。"
- "接着，准备一份丰富的蔬菜沙拉，加入番茄、黄瓜、生菜，佐以柠檬汁和橄榄油。"
- "最后，搭配一片烤过的全麦面包。"

【成品展示】
1:11 ～ 1:30
- （镜头展示成品）"看，这就是我们的减脂餐！简单快捷，营养美味。"
- "这样的餐点，不仅有助于减脂，还能提供一整天所需的能量。"

【结尾呼吁】
1:31 ～ 1:50
- "如果你也是注重健康的白领朋友，不妨试试这样的减脂餐。"
- "关注我，每周都会有新的健康美食推荐哦！"

图 4-36

YA You
请按照短视频"黄金 3 秒"原则，对开头部分进行优化。去掉自我介绍部分，直接将痛点前置。比如将白领人群因工作繁忙不得不经常吃垃圾食品的现状放大，以此快速吸引用户的注意力。

ChatGPT
了解了，根据短视频的"黄金 3 秒"原则，我们可以优化开头部分，直接聚焦于白领群体的痛点，快速吸引观众的注意力。以下是调整后的开场部分：

【开场】
0:00 ～ 0:03
- （镜头快速展示各种快餐、零食）"工作忙碌，又是快餐和零食？"

0:04 ～ 0:10
- （镜头转向健康食材）"别担心，我来教你制作既健康又美味，还超级省钱的减脂餐！"

图 4-37

　　相比之下，这个开头好多了。现在我们希望对食物制作过程的描述更详细、更有画面感，可以要求 ChatGPT 继续做修改优化。输入提示词（见图 4-38）：文案里的制作过程过于简略，请丰富这部分内容，使其更生动、更有画面感，也更容易激发用户看完就想要照着去做的欲望。

YA You

文案里的制作过程过于简略，请丰富这部分内容，使其更生动、更有画面感，也更容易激发用户看完就想要照着去做的欲望。

ChatGPT

当然可以，让我们更详细且生动地描述制作过程，使观众更容易跟着做，同时激发他们的兴趣。以下是修改后的制作过程部分：

【制作过程】

0:20 ～ 0:35

- （镜头特写鸡胸肉和调料）"首先，拿出新鲜的鸡胸肉，撒上黑胡椒和海盐，再涂抹上一层薄薄的橄榄油。"

0:36 ～ 0:50

- （镜头展示煎制过程）"将鸡胸肉放入预热的不粘锅，轻轻翻动，直到两面金黄，肉汁被锁在里面，这样鸡肉更嫩、更多汁。"

0:51 ～ 1:05

- （镜头展示蔬菜和调味料）"接着，我们准备蔬菜沙拉。切一些脆生生的黄瓜、鲜红的番茄和新鲜的生菜，放入大碗中。"

1:06 ～ 1:20

- （镜头展示调味过程）"淋上自制的柠檬汁和一点橄榄油，再加点盐和黑胡椒，轻轻拌匀。这样既健康又能提升沙拉的风味。"

1:21 ～ 1:35

- （镜头转向面包制作）"最后，把全麦面包片放进烤箱，烤到表面微微发脆。这样的面包口感更佳，搭配沙拉和鸡肉，简直完美！"

图　4-38

　　对比初稿，这一版加入了很多生动的细节描述，画面感增强了不少，也让用户更容易想象和模仿制作过程。限于篇幅，我们不再往下迭代，感兴趣的读者可以基于想要调整优化的方向，继续这一过程。

　　我们再次强调：尽管主体文案内容是由 ChatGPT 生成的，但作为主心骨的我们，一样必须精心设计提示词，同时不断调优改进 ChatGPT 生成的初稿文案，这样才能最终获得满意的短视频文案。

　　想要查看更多使用 ChatGPT 生成的抖音短视频文案，可以关注微信公众号"焱公子"（ID：Yangongzi2015），并在对话框内输入关键词**"AI 抖音"**以获取。

实战演练

请在你感兴趣的领域，使用公式**"AI 生成抖音短视频文案 = 明确创作目标 + 描述背景 + 明确输出要求 + 调优改进"**，亲自创作一条抖音短视频文案吧！

4.5　公众号：有了 AI 帮忙，不用老板要求也能达成日更

本节提示

　　尽管当下视频流媒体大行其道，但是公众号作为非常成熟的内容平台，仍然扮演着不可替代的角色。相比短视频文案，公众号文章的篇幅更长，对深度的要求更高，相对来说，创作难度也更高。本节我们将演示如何利用 ChatGPT 辅助完成公众号文章的创作，轻松实现日更目标。

　　使用 ChatGPT 生成公众号文章，可分为 4 步：将"写一篇公众号文章"拆解为若干个细小的目标；确定公众号文章选题；基于拆解目标做逐项填充；所有部分完成后，进行整合优化。

　　我们将这 4 步提炼为一个公式：

　　AI 生成公众号文章 = 拆解目标 + 确定选题 + 逐项填充内容 + 整合优化

　　相比短视频平台，公众号能够承载更深度的内容展现，对于需要详细阐述和深入探讨的话题，它也能提供更全面系统的内容表达方式。

　　对企业来说，公众号不仅仅是单一的内容发布平台，更是品牌传播和服务提供的重要载体。订阅号与服务号的结合，可以用作获客渠道、流量承接

载体和业务服务平台，为企业提供多元化的运营策略。

同时，微信生态构建了包含公众号在内的多功能体系，涵盖朋友圈、微信群、搜一搜、小程序和视频号等。这一生态系统为品牌提供了多渠道的运营和推广方式，其中，公众号作为重要组成部分，承载着品牌建设与内容营销的核心任务。

因此，尽管我们早已进入短视频时代，但对企业来说，公众号依然是不可替代的新媒体平台。

在前述章节中，我们已经演示过数十个通过 ChatGPT 生成不同文本的场景，但无论是电子邮件、商业信函、获奖致辞、商业推广文案还是短视频文案，都是数百个字的"短内容"。针对短内容，可以通过精准的提示词，让 ChatGPT 直接生成全稿。

而公众号文章，篇幅通常在 2000 ～ 3000 字，甚至可能更长，要让 ChatGPT 一次性生成如此长篇的内容，结果往往非常糟糕，质量完全不可控。它要么敷衍了事，比如你要求 3000 字，它只给 1000 字；要么虽然勉强凑够了字数，但全文都充斥着口水话和车轱辘话，质量惨不忍睹。

经过多次反复测试，我们发现要让 ChatGPT 生成高质量的"长内容"，不能一蹴而就，需要多点耐心，分步实施。

使用"分治法"，能够更好地控制 ChatGPT，使其一步步生成预期的长内容。

分治法是计算机算法设计中的一种基本策略，核心思想即把一个复杂问题先分解成若干相互独立的子问题，逐一求解后再进行合并，从而得到该问题的解。用八个字概括，即**"分而治之，各个击破"**。

举个常见的例子，比如你想 1 个月减重 10 斤。

减肥，是一个非常复杂的问题。想要更好地达成目标，需要首先把它分解为**饮食习惯调整和作息习惯调整**两个子问题。

饮食习惯调整，需要考虑营养、热量、口感等因素；而作息习惯调整，则需要考虑睡眠、运动、日常活动等因素。这些是更细一级的子问题。

继续往下分，比如运动，还可以根据自身情况，分解为是有氧运动居多，还是无氧运动居多。无氧运动主要是以器械训练为主，还是以自重训练为主，等等（见图 4-39）。

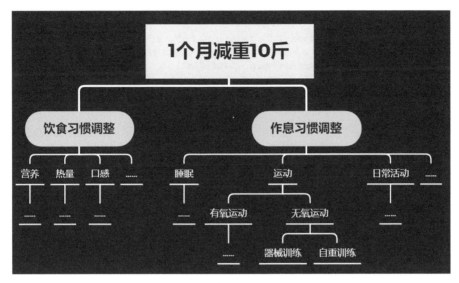

图　4-39

只有逐一解决好这些子问题，才能更有效率地达成"减肥"这一复杂目标。

写公众号文章这样的长内容，当然也是一个复杂问题。我们也需要运用**"分而治之，各个击破"**的方法，让 AI 更好地理解我们想要做什么，以便做出更有质量的回应。

基于此方法，使用 ChatGPT 创作公众号文章，可遵循公式：**AI 生成公众号文章 = 拆解目标 + 确定选题 + 逐项填充内容 + 整合优化**。

1. 拆解目标

如果把**"写出一篇优质的公众号文章"**视为一个整体目标，可以首先要求 ChatGPT 对其进行拆分。以写一篇公众号观点文章为例，我们可以这样撰写提示词（见图 4-40）：*我希望你扮演一个资深的新媒体编辑，你非常了解微信公众号文章的调性，也很善于使用一切有效的方法写出 10W+ 阅读量的爆文。接下*

来，请与我共同创作一篇精彩的公众号观点文章。首先，请先列出写作一篇观点文章需要考虑的要素有哪些。可以使用表格的形式呈现，这样会更加直观。

You

我希望你扮演一个资深的新媒体编辑，你非常了解微信公众号文章的调性，也很善于使用一切有效的方法写出10W+ 阅读量的爆文。接下来，请与我共同创作一篇精彩的公众号观点文章。首先，请先列出写作一篇观点文章需要考虑的要素有哪些。可以使用表格的形式呈现，这样会更加直观。

ChatGPT

当然，撰写一篇吸引人的微信公众号观点文章，需要考虑以下几个关键要素：

要素	描述
选题	选择一个具有吸引力的话题，最好是当前热门或广泛关注的事件。
标题	标题需要吸引眼球，简洁明了地反映文章的主旨。
开头	引人入胜的开篇，可以用故事、数据或疑问等方式吸引读者。
内容结构	文章需要有清晰的结构，如引言、正文、结论。
观点明确	文章的主要观点需要明确、有力，使读者易于理解。
论据支撑	观点需要有事实、数据或例子等论据支持。
风格与语言	语言要流畅，风格与目标读者群体相符。
互动元素	包含问题或直接呼吁读者参与讨论，增加互动性。
视觉元素	使用图片、视频或图表等视觉元素增强文章的吸引力。
结尾	强有力的结尾，给读者留下深刻印象。
呼吁行动	鼓励读者采取某种行动，如分享、评论等。

接下来，我们可以根据这个框架来共同创作一篇观点文章。请告诉我您想要聚焦的主题或话题，我们将一步步构建文章。

图 4-40

我们可以看到，ChatGPT 快速完成了目标分解，把**“写出一篇公众号观点文章”**这一整体目标拆分为了**选题、标题、开头、内容结构、观点明确、论据支撑**等 11 个子问题。

2. 确定选题

上述 11 个子问题中，最重要的是选题。在新媒体领域，选题指的是为了创作内容而选择的具体主题或者话题。选题是新媒体内容的灵魂，直接决定了内容覆盖的潜在人群和数据流量。**一个好的选题，通常需要具有时效性、符合主流价值观，且与目标用户强相关。**

由于本书是面向职场人的，因此此处就以创作一篇职场观点文章为例进行演示，选题暂定为：领导说"辛苦了"时，千万不要回复"不辛苦"。

3. 逐项填充内容 + 整合优化

确定好选题后，接下来，就开始逐一解决每一个子问题。由于本节侧重的是思路引导，并非真的从头到尾完成一篇公众号文章创作，所以此处我们并不会一一解决所有子问题，而是只聚焦几个重点问题演示操作思路，并提供参考提示词。

对一篇公众号长文来说，确定选题后，最重要的步骤是搭建文章框架或者内容结构。参考提示词如下（见图 4-41）：请继续扮演一个资深的新媒体编辑，和我一起完成一篇职场观点文章的写作。目前我们已经确定选题为"领导说'辛苦了'时，千万不要回复'不辛苦'"。请你基于这个选题，写出全文的内容结构。此结构分成 3 个部分，遵循"是什么"（现象）、"为什么"（原因分析）、"怎么办"（解决方案）的递进式逻辑。每个部分列出小标题和写作重点。

YA You

请继续扮演一个资深的新媒体编辑，和我一起完成一篇职场观点文章的写作。目前我们已经确定选题为"领导说'辛苦了'时，千万不要回复'不辛苦'"。请你基于这个选题，写出全文的内容结构。

此结构分成 3 个部分，遵循"是什么"（现象）、"为什么"（原因分析）、"怎么办"（解决方案）的递进式逻辑。每个部分列出小标题和写作重点。

ChatGPT

基于您提出的选题"领导说'辛苦了'时，千万不要回复'不辛苦'"，我们可以按照"是什么""为什么"和"怎么办"的逻辑结构来布局文章。以下是每个部分的小标题和写作重点。

1. **是什么：常见的职场互动误区**
   - 小标题：**职场误解：领导询问工作负担时的常规回应**
   - 写作重点：介绍这种场景在职场中的普遍性，说明在职场交流中，当领导询及员工是否辛苦时，大多数员工倾向于回答"不辛苦"，并将此描述为一种常见的职场互动模式。

2. **为什么：深入分析背后的原因**
   - 小标题：**背后的心理和文化因素**
   - 写作重点：分析员工倾向于说"不辛苦"的心理机制，比如想要表现出积极的态度和承担能力、对领导的敬畏、对职场文化的适应等。同时，探讨这种回应方式可能给个人发展和团队沟通带来的负面影响。

3. **怎么办：提供有效的应对策略**
   - 小标题：**建立真实和有效的沟通**
   - 写作重点：提供一些实用的建议和方法，帮助员工更好地表达自己的工作状态，同时保持对领导的尊重和职场礼仪。这些建议可能包括如何恰当表达工作压力、如何与领导建立更为开放和真诚的沟通渠道，以及如何通过有效沟通促进个人职业发展。

图　4-41

结构搭建好了，我们可以依葫芦画瓢，让 ChatGPT 分别解决其他子问题。

比如，让它基于结构框架，搜集相关的论据素材。参考提示词如下（见图 4-42）：请基于如上选题"领导说'辛苦了'时，千万不要回复'不辛苦'"、内容结构和写作重点，上网搜集 3 条相符的论据素材。请注意，务必确保素材的信源准确、数据真实，不要编造虚假论据。

YA You

请基于如上选题"领导说'辛苦了'时，千万不要回复'不辛苦'"、内容结构和写作重点，上网搜集 3 条相符的论据素材。请注意，务必确保素材的信源准确、数据真实，不要编造虚假论据。

ChatGPT

关于您提出的写作主题"领导说'辛苦了'时，千万不要回复'不辛苦'"，我找到了以下与之相关的论据素材：

1. 在文章《当领导发"辛苦了"，打工人应该怎么回答？》中，提到了不同类型的回答可能导致的不同职场困境。例如，回答"不辛苦"可能给领导留下工作量不饱和的印象，而尝试幽默的回答可能激起领导的不满。文章还探讨了如何在回答中保持恰当的平衡，表达出对工作的认真态度。
2. 美国社会学家阿莉·霍克希尔德（Arlie Hochschild）提出的"情绪劳动"概念，指的是为了维持适当的精神状态而诱导或抑制情感的过程。这表明，在职场中，员工经常需要管理自己的情绪反应，以适应工作环境和领导的期望。这种情绪劳动可能导致情感超载。
3. 在职场沟通中，员工与领导的互动往往涉及对言辞的精心选择，以保持适当的专业性和人际关系。这些互动反映了员工在回答类似"辛苦了"这样的问候时所面临的压力，包括如何在保持职场礼仪的同时表达真实感受。

图　4-42

接下来，可以让 ChatGPT 基于结构框架，创作文章的开篇。参考提示词如下（见图 4-43）：请基于如上选题"领导说'辛苦了'时，千万不要回复'不辛苦'"、内容结构和写作重点，创作文章的开篇。要求以一个典型的职场场景来引入，需要做到真实具体、引人入胜，开篇即抓住读者眼球。300字左右。

我们可以看出，ChatGPT 的整体完成度还不错，故事性和悬念营造基本到位，作为开篇是合格的。按照同样的思路，可以继续要求 ChatGPT 分别完成第 1、2、3 部分和结尾的写作。感兴趣的读者可以基于上述参考提示词继续尝试，此处我们不再逐一演示。

在所有部分完成后，再进行最终的整合优化，即可得到一篇完整的公众号文章。

YA You

请基于如上选题“领导说‘辛苦了’时，千万不要回复‘不辛苦’”、内容结构和写作重点，创作文章的开篇。要求以一个典型的职场场景来引入，需要做到真实具体、引人入胜，开篇即抓住读者眼球。300 字左右。

ChatGPT

夜幕降临，办公楼里的灯光依旧明亮。张华坐在办公桌前，手指在键盘上飞快地跳动，电脑屏幕上密密麻麻地排列着即将截止的项目计划。他已经连续工作了 10 个小时，眼睛干涩，肩膀僵硬。就在这时，办公室的门轻轻开了，他的领导李总走了进来。他看上去格外严肃，深邃的眼神扫过办公室，最终停在了张华的身上。

“张华，今天辛苦你了。”李总的声音低沉而有力，仿佛带着一种不言而喻的关切。

面对领导的慰问，张华的心里却掀起了波澜。他知道这不仅仅是一句简单的问候，背后蕴含着对他工作的肯定和期待。但同时，他也感到了一丝隐隐的压力，他清楚地知道，这是一个难得的展示自己的机会，也是一个潜在的风险时刻。他应该如何回答？是直接简洁地说“不辛苦”，显示自己的能力和韧性，还是真诚地表达自己的疲惫和努力，争取更多的理解和支持？

这一瞬间，张华的大脑像是快速转动的齿轮，他必须在短短几秒内做出决定。他深吸了一口气，抬头看向李总，嘴角轻轻上扬，准备给出他的答复……

图 4-43

文章完成后，我们可以要求 ChatGPT 生成相应的公众号标题。参考提示词如下（见图 4-44）：请查阅并参考公众号爆文标题创作逻辑，为本文写出 5 个爆款标题。

YA You

请查阅并参考公众号爆文标题创作逻辑，为本文写出 5 个爆款标题。

ChatGPT

基于您的文章主题“领导说‘辛苦了’时，千万不要回复‘不辛苦’”和公众号爆文标题创作的技巧，我为您构思了以下 5 个爆款标题：

1. **“辛苦了”背后的隐秘：领导这么说，你怎么回答才明智？**
   - 利用好奇心引起兴趣，突出职场智慧的重要性。
2. **不仅是礼貌：领导说“辛苦了”，你的回答可能决定你的职业未来**
   - 突出问题的重要性和紧迫性，引发情感共鸣。
3. **职场心理学：正确回应“辛苦了”，你的职业生涯需要这个小技巧**
   - 提供解决方案，表明文章内容具有实用价值。
4. **回答“辛苦了”：一句话揭露你的职场地位**
   - 使用独特的表达方式，增加标题的吸引力。
5. **领导说你辛苦？回复技巧大公开，别让简单的话语毁了你的职场形象**
   - 简洁明了，同时强调回复的重要性和影响力。

这些标题结合了引起兴趣、独特性、解决问题、情感触发和简洁明了等元素，旨在吸引读者点击和阅读。

图 4-44

此外，我们还可以要求 ChatGPT 调用 DALL · E 3，为本文生成一张封面图。参考提示词如下（见图 4-45）：请根据本文选题和主要描述的场景，生成一张风格、内容都相符的配图。图片比例为 16 : 9。

图　4-45

至此，在我们的逐步引导下，一篇公众号文章所涉及的所有要素已经齐备，整合优化后即可发布。

事实上，此思路不仅适用于让 ChatGPT 写公众号文章，也适用于写任何长内容，比如公司的 SOP 流程梳理、技术文档制作甚至长篇小说等，读者可以根据具体需求自行尝试。

想要查看上述使用 ChatGPT 生成的完整的公众号文章，可以关注微信公众号"焱公子"（ID：Yangongzi2015），并在对话框内输入关键词**"AI 公众号"**以获取。

> **实战演练**
>
> 请基于上述思路和步骤，按照公式"AI 生成公众号文章 = 拆解目标 + 确定选题 + 逐项填充内容 + 整合优化"，使用 ChatGPT 生成一篇公众号长文，或者任何你想创作的长内容。

4.6　专属 AI：有定制需求？手把手教你调教专属助理

 本节提示

　　AIGC 工具的运用场景非常广泛，几乎每个行业的所有细分领域都可以通过灵活使用这些工具大幅提升工作效率。我们无法一一列举和演示这些具体的应用场景，幸运的是，通过定制 AI 功能，完全可以实现特定领域的定制要求。本节我们将通过一个具体实例，手把手教你定制并调教出自己的专属 AI。

　　使用 ChatGPT 定制专属 AI，可分为 4 步：具体描述你的定制需求；基于定制需求上传相应的知识文档，供 ChatGPT 参考学习；选择定制 AI 的功能模块；发布前进行反复输出验证。

　　我们将这 4 步提炼为一个公式：

　　　　定制专属 AI= 描述需求 + 上传知识库 + 选择模块 + 输出验证

　　"My GPTs"是 OpenAI 于 2023 年 11 月 6 日上线的新功能，内嵌在 ChatGPT 界面中。它为用户提供了一种简单快捷的创建自己的专属 AI 模型的途径，以更好地适应特定的应用场景或需求。这个过程无须编写任何代码，仅需通过自然语言对话就能实现。

　　这个功能的主要优势在于它提供了更高程度的个性化和灵活性。用户不再只是使用通用的 GPT 模型，而是可以根据自己的具体需求定制模型，包括定制具体的专属工具（如格式转化工具）、行业术语、特定类型的对话和文本，等等。

　　本书第 3 章我们重点介绍了 AI 绘图工具 Midjourney，尽管它能生成各种类型的图片，质量也非常高，但同时也有着较高的操作门槛：需要全英文的提示词输入，且为了确保更好的出图效果，一条完整且高质量的 Midjourney 提示词撰写起来相对比较复杂。

　　本节我们试着简化这一过程，演示如何使用"My GPTs"来创建一个专属的"Midjourney 绘图助理"。它将实现仅需输入简单的中文描述，就可基于 Midjourney 的规范，帮我们生成完整且高质量的 Midjourney 提示词。

使用"My GPTs"定制专属 AI，可按照公式：**定制专属 AI= 描述需求 +
上传知识库 + 选择模块 + 输出验证**。

1. 描述需求

首先，进入 ChatGPT 主界面，点击左侧导航栏"Explore"（探索），即
可看到"My GPTs"的选项，点击选择"Create a GPT"进入创建专属
GPT 的界面，左侧是配置界面，右侧是预览界面（见图 4-46、图 4-47）。

图　4-46

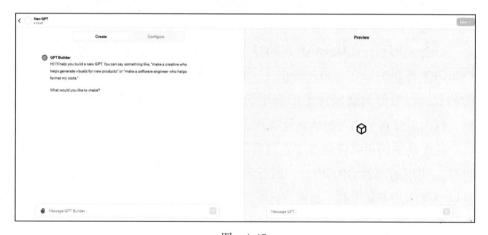

图　4-47

其次，在配置界面描述需求。对于创建 Midjourney 绘图助理，可在
"Create"菜单下这样描述相关需求（见图 4-48）：我需要创建一个专门写
Midjourney 提示词的 AI 助理。当我输入一段简单的文字时，它能帮我基于
Midjourney 对提示词的具体要求和相关规范，自动添加必要细节与参数描
述，生成直接可输入 Midjourney 中的高质量英文提示词。

图　4-48

ChatGPT 回应说这是一个很棒的想法，它将立刻开始创建，同时询问把这个 GPT 命名为"Midjourney Maestro"（Midjourney 大师）是否可以。我们回复"OK"后，ChatGPT 即完成了命名，并为该工具创建了一个图标（见图 4-49）。

图　4-49

如果不喜欢这一图标，可以要求 ChatGPT 继续修改，直到满意为止。此处作为演示，暂时选用默认生成的图标样式，不做更多调整。

2. 上传知识库 + 选择模块

要创建专属 GPT，投喂相关的专属知识让它学习是非常关键的一步。比如要创建一个法律小助理或者财务小助理，上传相关的法律、财务知识文档作为投喂素材就必不可少。此处我们要创建"Midjourney 绘图助理"，自然也要上传相应的文档供其学习。

点击"Configure"，我们能看到 ChatGPT 已经基于上一步的需求描述，自动生成了工具名称、图标、工具描述、指令说明等信息。我们唯一要做的，就是点击"Knowledge"（知识库）下方的"Upload files"（上传文档），上传提前准备好的学习材料（见图 4-50）。

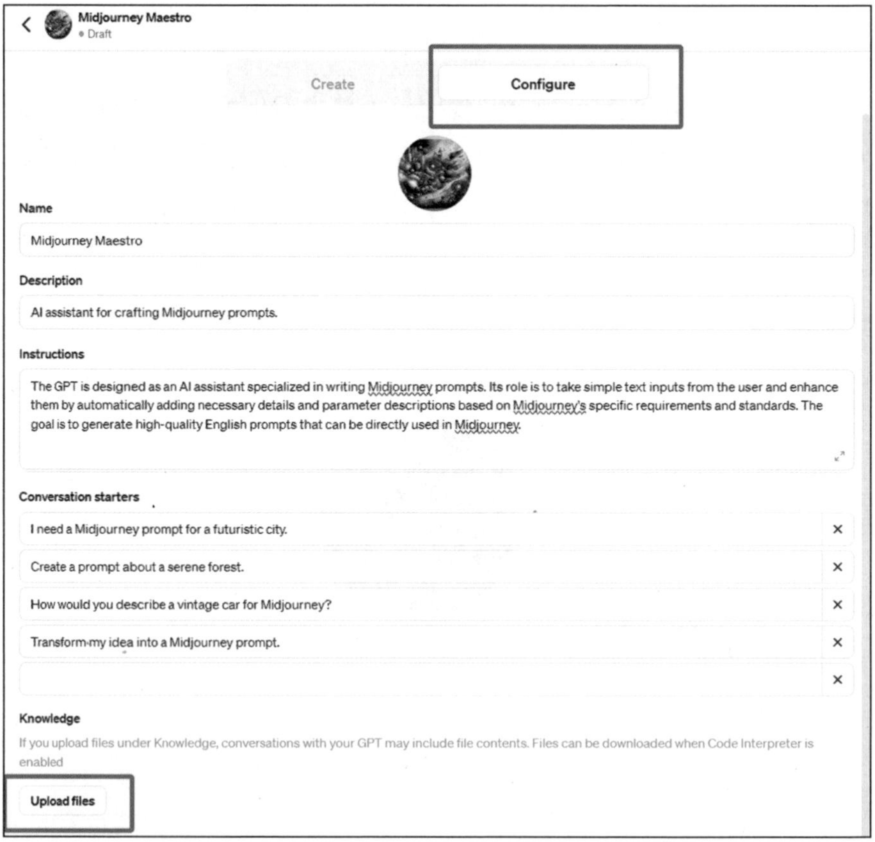

图　4-50

　　将事先从 Midjourney 官网下载的指引文档作为附件上传，同时在
"Capabilities"（能力）下方勾选对应的模块，即我们希望该助理包含哪
些功能模块。目前 ChatGPT 提供联网（Web Browsing）、DALL·E 绘图
（DALL·E Image Generation）和编码（Code Interpreter）三个功能，由于本
示例中的"Midjourney 绘图助理"不需要用到 DALL·E 绘图和编码功能，
所以只勾选了联网（见图 4-51）。

Knowledge

If you upload files under Knowledge, conversations with your GPT may include file contents. Files can be downloaded when Code Interpreter is enabled.

Midjourney官方文档.docx
Document

Upload files

Capabilities

☑ Web Browsing
☐ DALL·E Image Generation
☐ Code Interpreter

图　4-51

　　至此，专属 AI 助理"Midjourney 绘图助理"的创建工作已经完成。

3. 输出验证

　　在正式发布前，我们还需要对此专属 AI 助理进行测试，以验证它是否
符合我们的预设要求。在右侧"Preview"（预览）界面下的对话框内输入提
示词（见图 4-52）：一只可爱的小猫。

YA You
一只可爱的小猫。

Midjourney Maestro
根据您提供的简单概念"一只可爱的小猫"，我可以为您创建一个针对 Midjourney 平台的详细且优化的提示。在构建这个提示时，我会考虑 Midjourney 的特定功能和最佳实践，例如画面比例、混合方式、混乱度等。请见下面的英文提示：

图　4-52

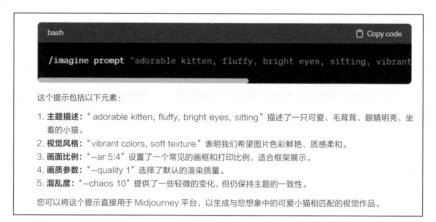

这个提示包括以下元素：

1. **主题描述**："adorable kitten, fluffy, bright eyes, sitting"描述了一只可爱、毛茸茸、眼睛明亮、坐着的小猫。
2. **视觉风格**："vibrant colors, soft texture"表明我们希望图片色彩鲜艳、质感柔和。
3. **画面比例**："--ar 5:4"设置了一个常见的画框和打印比例，适合框架展示。
4. **画质参数**："--quality 1"选择了默认的渲染质量。
5. **混乱度**："--chaos 10"提供了一些轻微的变化，但仍保持主题的一致性。

您可以将这个提示直接用于 Midjourney 平台，以生成与您想象中的可爱小猫相匹配的视觉作品。

图　4-52（续）

专属 AI 助理不仅生成了提示词，还对相关元素做了详细解释。点击图 4-52 中的"Copy code"，把相应的英文提示词复制到 Midjourney，看看生成的图片效果（见图 4-53、图 4-54）。

图　4-53

可以看出，基于此提示词生成的图片质量确实不俗。

再试一例。在预览界面继续输入：一个美丽的中国年轻女孩，在沙滩上悠闲地散步（见图 4-55）。

图　4-54

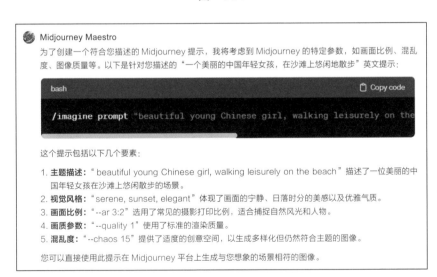

图　4-55

把相应的英文提示词复制到 Midjourney，继续看生成的图片效果（见图 4-56、图 4-57）。

图　4-56

图　4-57

可以看出，基于专属 AI 助理给出的提示词所生成的图片无论从视角多样性、光影、构图比例和画面丰富性等方面，都达到了不错的水准。

点击保存并发布，这个 Midjourney 绘图助理就会出现在"My GPTs"界面下方。从此以后，我们再也不用为了生成精美的 Midjourney 图片而绞尽脑汁地撰写复杂的英文提示词了，一句简单的中文即可搞定（见图 4-58）。

My GPTs

Create a GPT Beta
Customize a version of ChatGPT for a specific purpose

Midjourney Maestro
Crafts Midjourney prompts in English; Interacts in Chinese.

图 4-58

想要查看更多使用 ChatGPT 定制的专属 AI，可以关注微信公众号"焱公子"（ID：Yangongzi2015），并在对话框内输入关键词**"AI 定制"**以获取。

实战演练

还在等什么？现在，不管你有任何奇妙、疯狂的想法，还是任何棘手的内容需要撰写，赶紧试试按照上述指引，按照公式**"定制专属 AI＝描述需求＋上传知识库＋选择模块＋输出验证"**，创建一个专属于你自己的 AI 助理吧！

推荐阅读

商业模式新生代（经典重译版）

作者：（瑞士）亚历山大·奥斯特瓦德 等
ISBN：978-7-111-54989-5 定价：89.00 元

一本关于商业模式创新的、实用的、启发性的工具书

商业模式新生代（个人篇）
一张画布重塑你的职业生涯

作者：（美国）蒂莫西·克拉克 等
ISBN：978-7-111-38675-9 定价：89.00 元

教你正确认识自我价值，并快速描订出超乎想象的人生规划

商业模式新生代（团队篇）

作者：（美）蒂莫西·克拉克 布鲁斯·黑曾
ISBN：978-7-111-60133-3 定价：89.00 元

认识组织，了解成员，
一本书助你成为"变我为我们"的实践者

价值主张设计
如何构建商业模式最重要的环节

作者：（瑞士）亚历山大·奥斯特瓦德 等
ISBN：978-7-111-51799-3 定价：89.00 元

先懂价值主张，再设计商业模式。
聚焦核心，才能创造出最优秀的模式